미쳐야 웃는다

성공을 향한 끝없는 도전은 운명을 바꾼다.

미쳐야 웃는다

野村이 청 원 지음

기술과가치

책을 펴내면서

　인류의 문명은 객관화된 이성적 의지를 기반한 인문으로써 개인의 성찰과 사회적 이해를 증진시키는 것부터 시작된다. 즉, 개인 삶의 질을 높이고, 사회적 상호작용을 풍부하게 하기 위함이다. 이 글은 저자가 평소 강의한 내용 중에 일부를 간략하게 정리한 것이다.

　우리는 다양한 인문학적 관점에서 볼 때 인간의 본성과 존재의미에 대한 질문을 통해 자기를 이해하는 기질을 배양한다. 또한, 논리적 사고를 통해 문제해결 능력을 배양하여 창의적 사고를 촉진시키고 잠재력을 최대한 발휘하게 하여 삶의 만족을 충족시킨다. 이로 인하여 새로운 아이디어를 창출하고 윤리적 질문과 사회적 책임의식 속에서 자아를 실현해 가는데 초점을 두고있다.

우리에게는 존재와 삶의 의미를 중시하는 지혜가 있다. 경험을 중시하는 실존적 스승 이외에 철학이나 문학 작품 속 인물이나 자신의 삶을 반추하게 하는 글이나 작품 등을 통해 새로운 시각과 통찰을 제공하는 가상적 스승이 있다. 스승은 제자의 미래를 개척해 주는 역할로써 제자를 강하게 만들어 간다. 이 글이 개인의 가치관을 높이고, 사회의 구성원에게 긍정적 영향과 새로운 동기를 부여하는 가상의 스승이 되길 바란다.

목차

책을 펴내면서

여는 글

Chapter 1

1부 왜! 정체를 잊고 헤매는가 — 15
- PART 01 나는 유일한 끼를 가지고 있다 — 16
- PART 02 당신은 무엇에 미쳤는가? — 19
- PART 03 세상에 어떤 모습을 연출할 것인가? — 23
- PART 04 고독은 독이 아닌 약이다 — 27
- PART 05 시간과 공간을 지배하라 — 32
- PART 06 창작의 도구는 상상력이다 — 39

2부 어디를 바라보고 있나! — 45
- PART 01 세상은 제로섬 게임만이 아니다 — 46
- PART 02 창작의 본능을 잊지 마리 — 49
- PART 03 천재적 재능과 기질은 다르다 — 52
- PART 04 재능이 부족한 사람은 없다 — 55
- PART 05 꿈을 비전으로 이끌자 — 62
- PART 06 미친 사람은 어떻게 행동하나 — 65

3부 문명의 종착점은 어디인가? 69
- PART 01 다양한 문화가 숨 쉬고 있는 사회이다 70
- PART 02 경쟁력을 갖추려면 어떤 노력이 필요할까? 74
- PART 03 세상 문명의 발전은 종점이 없다 79
- PART 04 반드시 인생에는 깔딱고개가 존재한다 84
- PART 05 구차한 변명은 하지 마라 88
- PART 06 제대로 미친 사람은 누구인가! 92

Chapter 2

1부 성공과 실패의 분기점은 어디인가 97
- PART 01 1등만을 강요당하는 풍토다 98
- PART 02 미적분에 생명을 맡기다 102
- PART 03 재능은 돈 버는 도구인가! 107
- PART 04 인생의 꼬임은 갈등 속에 있다 110
- PART 05 행복한 삶의 욕구가 요동치는가? 114

2부 인재 속에서 인재를 찾는다. 119
- PART 01 오늘도 냉혹한 평가를 받고 있다 120
- PART 02 우리 조직의 인재는 누구인가 125
- PART 03 끌고 가는「꿀벌족」직원에게 의존한다 130
- PART 04 왜 당신은「매미족」직원으로 불리나 133
- PART 05 어쩌다「기생족」직원이 되었나 138
- PART 06「왜?」가 인생을 바꾼다 145

Chapter 3

1부 멈춰 있는 사람에게 필요한 처방은　　151
- PART 01 잠자리를 박차고 일어나라　　152
- PART 02 당신의 행복지표는 무엇인가　　155
- PART 03 바람개비와 같이 행동하라　　158
- PART 04 상상의 세계에서 살자!　　162
- PART 05 실패는 보약이나 포기는 독약이다　　165
- PART 06 당신은 천재를 갈망하고 있는가　　169

2부 속담에서 답을 찾자　　173
- PART 01 열두가지 재주에 저녁거리 없다　　174
- PART 02 한 우물을 파라　　177
- PART 03 미친 자와 황소에게는 길을 비켜줘라　　181
- PART 04 희망이 있는 사람은 음악이 없어도 춤을 춘다　　185
- PART 05 동시에 둘이서 노래를 부를 수 있으나 지껄일 수는 없다　　188
- PART 06 고집하면 황소고집이다　　191
- PART 07 쇠고집과 닭고집이다　　194

Chapter 4

1부 우물쭈물하다 길을 잃는다   199

    PART 01 얼마만큼 가져야 행복할까?   200
    PART 02 자아실현을 위한 욕망은 무엇인가?   202
    PART 03 성장과정은 실패였다   205
    PART 04 인생 초년기의 필요조건은 무엇일까?   208
    PART 05 미쳐야 하는 이유는 무엇 때문인가?   211
    PART 06 일을 찾아 허둥대다   213
    PART 07 은퇴 후의 진지한 삶을 위해서는   216
    PART 08 실패의 존재는 무엇인가!   220

2부 지혜로운 사람은 즐길거리만 찾는다   223

    PART 01 호랑이도 길들일 수 있다   224
    PART 02 나는 무엇에 미칠까?   227
    PART 03 가장 싫어하는 일을 찾아라   231
    PART 04 실패의 보상은 무엇인가?   235
    PART 05 바보와 지혜로운 사람은   240
    PART 06 시간은 모든 것을 먹어 치운다.   243
    PART 07 왜 명함에 집착하는가?   247

3부 차 마 설   253

    PART 01 차 마 설   254

글을 맺으며

김 덕 기 作[1]

---

1) 필자의 사위

여는 글

인간은 새로운 것을 추구하고 성공시키는 성취감에 의해 삶의 희열을 느낀다. 따라서 이와 같은 희열의 욕망이 사라지지 않는 한 문명의 발전에는 종착점이 없다. 즉 삶의 질이 향상됨에 따라 문명의 발전은 지속된다.

우리는 누구나 삶을 변화시키고 싶어 한다. 이러한 변화 속에서 한편의 드라마같은 예술적 삶의 가치를 찾고 있다. 물론 당신도 새로운 문명을 밝혀 줄 수 있는 숨어있는 재능을 가지고 있다. 그 숨은 재능에 대한 자긍심과 가치관으로 세상에 빛을 발하면 사회의 일원으로서 인류 문명에 직접적으로 공헌할 수 있는 것이다. 문명을 바꾸는 것은 특정인의 전문영역이 아니다. 당신이 존재가치를 찾아야겠다는 생각이 가득하다면 세상의 선구자가 되는데 부족함이 없다.

세상의 모든 것은 시간과 장소에 따라 변하고 있다. 변하지 않는다는 건 이치에 맞지 않는다. 우주에 자연의 법칙이 있듯이 우리 인류에게도 법칙이 있다. 이 때문에 사회는 어떤 상황이 닥치게 되면 변하지 않을 수 없다. 그대로 즉 원형대로 유지된다는 것은 불가능하다.

우리 인간도 상황에 따라 변한다. 우리는 보통 대수롭지 않게 어떤 일에 몰입하고 있으면 "너 미쳤니!"라는 말을 쓰기도 하고 듣기도 한다. 이 말에 대한 의미에 대하여 되새겨보자. 특히, 흉금 없이 지내는 사이에서 일반적 수사로 쓰는 말이다.
"미쳤다."라는 말은 주위의 상황에 동요되거나 남의 말에 아랑곳하지 않고 자기가 하는 일에 흥미를 갖고 즐기면서 그 무엇인가를 찾고 있을 때 듣게 된다. 무엇이 조금이라도 부족하거나 어려우면 이를 극복하기 위한 길을 찾아간다. 이 길을 찾는 과정 속에서 좌고우면하지 않고 몰입함으로써 기대 이상의 결과를 이루거나 창의적 생각으로 공상의 세계에 몰입된 사람에게 흔히 쓴다.

옛말 하나 들어보면 "큰 뜻을 품은 사람은 사소한 일이 방해되는 것이 없다. 그런데 요즘에는 큰 뜻을 품은 사람이 작은 일을 대할 때 조심하거나 깊이 생각하지 않고 마음 내키는 대로 함부로 한다."라는 말이 있다. 즉 어떤 목표나 경지에 오르기 위해서는 반드시 작은 일부터 시작해야 목적 달성을 할 수 있다. 과거의 삶에 만족하지 못하고 생채기만 남겼다는 사람들은 단적으로 어떤 일에 제대로 미쳐보지 못했기 때문일 수 있다.

자기가 가지고 있는 재능에 대하여 성공확률을 높이기 위해서는 좋아하는 일을 선택해야 한다. 그래야 불씨만 붙이면 훨훨 탈 수 있는 것은 당연한 일이기 때문이다. 자연스럽게 흥미를 갖고 즐기는 일이 바로 본질적인 재능이다. 즉 좋아하는 일을 함으로써 잠재되어 있는 기질을 발휘하여 최대의 성과를 얻을 수 있다. 따라서 그에 대한 성취감이 크기 때문에 자신도 모르게 그 일에 미치고 만다. 반면에 흥미롭지 못한 일을 하면 의욕 및 성취감이 떨어져 그 일에 몰입하지 못하여 결과물이 미천할 수밖에 없다.

이러한 양면성의 현상은 일상에서 예측했든 못했든 누구에게나 순간 찾아오게 된다. 즉 성공확률을 높이기 위해 어느 하나를 '선택'해야 하는 갈등을 마주치게 된다. 갈등은 좌우로 서로가 상반되는 현상이 동시에 존재하는 미지의 상황으로 어떤 행동을 선택할 때 곤혹스러운 현상으로 나타나는 정신적 작용이다.

문명의 핵심에는 지속 가능한 발전과 삶의 질적 향상의 욕구가 포함되어 있다. 인간의 본성에 부합하는 가치를 중시하며 새로운 기반을 구축하는 것이 중요하다. 새로운 문명을 구현하는 데에 있어서, 절대적으로 필요한 당신의 고귀한 재능을 찾아가는 과정을 살펴본다. 새로운 문명의 시작은 당신의 공상력과 혁신하려는 마음에서 출발하며, 이로 인해 미래에 대한 열정과 희망을 안겨 줄 것이다.
　이 책이 당신 가슴에 잠자고 있는 이상과 희망이 분출되는 계기가 되길 바란다. 당신은 발견된 자아를 통하여 존재를 드러내고 행복한 삶을 영위하기 위해 지금 하는 일에 인내심을 가지고 미침으로써 새로운 문명을 여는데 등대가 될 것이다. 즉 포기하지 않는다면 그 과정에서 얻은 지혜와 경험이 새로운 가능성을 열어주고 그 자체가 다른 이들에게도 희망과 방향을 제시한다. 따라서 당신의 기량이 발전해 가고 있다는 사실을 믿고 충분히 일을 즐기면서 기쁨을 누리길 바란다.

Chapter 1

1부 왜! 정체를 잊고 헤매는가
2부 어디를 바라보고 있나!
3부 문명의 종착점은 어디인가?

1부
왜! 정체를 잊고 헤매는가

물은 곡괭이 끝 가는 곳으로 흐르고,
도랑은 쇠스랑 긁는 대로 생긴다.

무엇을 선택하여 어떻게 운용하느냐에 따라 결과는 달라진다. 물의 경로를 인위적으로 바꿀 수 있듯이 일도 어떤 방향으로 이끌어 갈 건지는 주도하고 있는 사람의 주관과 의지에 달려있다. 즉, 목표와 방향이 설정되면 실행의지에 따라 주변 환경은 만들어 가는 대로 변하게 된다. 주어진 조건을 유용하게 다룰 줄 알아야 한다는 뜻이다.

PART 01
나는
유일한 끼를 가지고 있다

    세상에서 당신만큼 독보적인 달란트와 개성을 가지고 있는 사람은 없다. 생물학적 DNA가 다르고, 사회적 경험과 감정 그리고 생각이 유일하기 때문만은 아니다.
    당신이 유일한 이유는 강인한 생리적 욕구와 심리적 창의 속에 남다른 희망이 가슴에서 솟고 있으며 독특한 끼도 갖추고 있다.
    따라서 그 누구 못지않게 미래를 움켜쥐고 빛낼 수 있는 기량을 갖추고 있다. 행복한 세상을 일구어가며 살아갈 자격을 충분히 갖추고 있는 것이다.

    생리적 욕구를 채우기 위해 어린아이는 자기를 알아달라고 칭얼대거나 이유 없이 통곡하기도 한다. 아이들만 그런 것이 아니다. 우리는 논쟁의 대척점에 있거나 화가 나면 목소리가 커지거나 고함을 지르기도 한다.
    소리만 높이는 것이 아니라 표정, 나아가 몸짓까지 달라진다. 결국에는 모든 것을 동원해 본인이 추구하는 욕구를 충족시키려 한다. 자기의 생각을 관철하여 존재를 알리고자 하는 생리적 욕구이다.

그러나 이 생리적 욕구만으로 우리의 유일성을 찾는 것은 한계가 있다. 따라서 가슴 깊이 잠자고 있기에 아직 밖으로 깨어서 나오지 않은 심리적 작용을 깨워야 한다.

우리는 반복적인 일을 싫어하고, 누군가의 지배에서 벗어나 자기만이 추구하는 희망의 세상을 바라보며 살아가기를 원한다. 자기 자신에 대한 의식이나 관념, 즉 자아自我를 형성해 가는 사춘기를 되돌아보면 알 수 있다.

☺ 새로운 길을 열자

당신의 가슴에 있는 창의와 희망이 밖으로 튀어나오도록 해야 한다. 끝없이 새로운 아이디어가 떠오르며 자연과 함께 뛰는 심장은 미래를 향한 열망으로 물들어 있다.

이 세상이 끊임없이 변하는 만큼 당신은 새로운 가능성을 발견하고 그 가능성을 끌어낼 수 있는 창의력을 품고 있다. 그 변화 속에서 창의와 희망은 당신에게 새로운 길을 열어준다.

우리는 어려움이 닥칠수록 창의력을 발휘하고 새로운 해결책을 찾아 도전해 왔기에 오늘이 있다. 창의는 문제를 해결하고 어둠을 밝히는 도구이다.

당신이 진정으로 지금까지 이런저런 이유로 어디에 서 있는지, 어떤 존재인지를 잊고 무심코 살아왔는지는 결코 중요하지 않다. 다만 가슴에 창의와 희망이 숨 쉬고 있느냐가 중요하다.

마음가짐이 풍부한 당신은 언제나 새로운 아이디어에 귀를 기울이며, 미래에 대한 희망을 품고 있음이 분명하다. 이 희망은 어려움을 이겨내고 목표를 달성하는 데에 큰 힘을 발휘하게 된다. 창의와 희망이 모여 더 나은 세상을 만들어 나갈 수 있다고 믿는다.

당신의 가슴 속에서 숨 쉬는 창의와 희망의 불꽃을 지펴 꿈을 향해 나아가는 여정에서 스스로 독려하면 우리의 밝은 미래는 더욱 풍요로울 것이다.

PART 02
당신은 무엇에 미쳤는가?

우리는 똑같이 주어진 시간 동안 각자의 과거를 여러 경로를 따라 이끌어 왔다. 자신이 어떠한 삶을 살아왔는가에 대한 솔직한 고백을 통해 영광과 깨달음을 알게 된다.

자신만의 산책으로 색다른 풍경과 이야기를 만들어 낸다. 어떤 사람은 해보고 싶은 일을 시작도 못 해보았기 때문에 후회한다는 사람들이 있는가 하면, 누구는 다양하게 이것저것 해봤는데 결과가 좋지 않았다고 후회하는 사람도 있다.

또는, 어떤 이는 해보고 싶었던 일을 해보았으나 좋은 결과를 얻지 못하고 도중에 좌절하거나 원하는 만큼 성취하지 못했다고 한다. 이처럼 지나간 삶의 경험에 대한 모습은 다양하다.

이는 여러 차례의 실패와 낙오, 그리고 극복 과정에서 어려웠던 경험들이 우리에게 무엇이 중요한가를 깨우치게 하고, 자아를 발견하게하는 계기가 된다. 이러한 과정에서 우리의 강점과 약점을 분명히 보여주며, 더 나은 방향으로 나아가기 위한 통찰력을 제공한다.

과거의 삶에 흡족하지 못했다는 사람들은 단적으로 어떤 일에 미쳐보지 못했음을 입증하는 것이다. '불광불급不狂不及'을 다시 한 번 끌어내어 되새기게 된다. 직역하면 '미치지 않으면 도달하지 못한다.'라는 뜻이다.

즉 목적성취를 위해 그 일에 넘치도록 제대로 미치지 못하면 그 어떤 결론도 얻지 못한다는 뜻이다. 즉 목적은 설정하였으나 흥미를 갖지도, 몰입하지도 못한다. 성과를 내기 위해서는 미치도록 완벽하게 몰입해야 한다. 도전적이고, 헌신적인 태도가 필요한 것이다.

한문 소설 작가이자 절개를 지킨 시인 김시습은 신동 즉 천재 소리를 들었다. 세종으로부터 다섯 살 때 장래에 크게 쓰겠노라는 약속과 함께 비단까지 하사받았다.

그는 열다섯 살에 어머니를 잃었고 21살의 수양대군이 왕위를 찬탈하자 이를 못마땅하게 여겨, 서책을 모두 불태우고 미친 승려의 행색으로 전국을 떠돌아다녔다. 그러나 그는 과거 시험에 낙방하고, 방황하면서 '금오신화'를 썼다.

그는 관료가 되는 것에 목표를 두지 않고 현실과 비현실의 경계선에서 가상의 신비로움을 추구하는 작가의 길을 명확하게 설정하고 이에 미쳐있었다. 자칫 완벽하게 미치지 못했더라면 '시건방을 떤 사람'으로 낙인찍힐 수도 있었을 것이다.

순수하고 정직하게 미친 사람은 정작 자신이 미친 줄 모른다. 따라서 결과가 말해주고 또한 주위 사람들이 알아준다. 어설프게 미친 사람들의 특징은 다양하다.

그들은 자신의 탓이 아니라 대부분 대외적인 환경 또는 상대의 탓으로 돌린다. 그리고 이러한 성향의 사람들은 사소한 것에 낙심하고 쉽게 포기한다.

☻ 진지하게 재능을 찾아가자

가장 중요한 것은 명확하게 당신이 가지고 있는 재능이 무엇인지를 찾아야 한다. 당신에게 주어진 삶의 소명에 대한 정의를 내릴 줄 알아야 한다.

다음으로 미치는 방법을 먼저 알아야 한다. 순수하고 정직하며 완벽하게 미치는 방법을 말한다. 그렇지 않고 옆을 쳐다보기 시작하고 나태하게 굴다가는 수렁에 빠지게 될 것이다. 분명한 것은 진지하게 자아를 찾고, 미칠 수 있는 일을 찾아야지 어설픈 경험에만 의존해서는 안된다.

공자가 말하기를 "굳세기를 좋아하지만 배우기를 좋아하지 않으면 그 폐단은 무모해지는 것이다."라는 말이 있다. 즉 이는 야망만 앞세워 그 일에 깊은 지식을 갖지 않고 경솔하게 선택과 결정을 하면 예측

하지 못한 부정적 결과로 이어질 수 있다는 말이다.

즉, 노력과 인내를 중시하면서도 새로운 지식과 경험을 습득하지 않으면 그 노력은 무모하게 된다. 우리는 모두 서로 다른 경험을 하고 각자의 '도전과 성취' 그리고 '실패와 극복'을 겪어왔다.

이 모든 경험과 지식이 우리를 여기까지 견인해 왔다. 우리는 목표와 꿈을 향해 한 발자국씩 나아가며 살아왔다. 당신도 그랬을 것이다.

그 도전적인 순간들이 당신을 성장시키고 더 나은 삶으로 만들어 주었다. 물론 어려움과 좌절이 없었다면 교훈과 강인함을 얻지 못했을 것이다.

앞으로 이 모든 경험이 당신을 풍부하고 다채로운 삶으로 이끌어 주게 될 것이다. 이 순간이 더욱 진지하게 살아가며, 미래를 향해 더 나은 삶을 꿈꾸고 나아가는 여정이 되길 바란다.

PART 03
세상에 어떤 모습을 연출할 것인가?

사람들은 삶의 목표를 찾고 뜻깊은 삶을 살고자 노력하는 과정에서 '나는 세상에 어떤 모습을 보여줄 것인가?'라는 의문을 품게 된다. 우리는 도전을 통해 자신을 시험하고, 그 과정에서 얻은 성취의 순간이 큰 의미를 부여한다는 것을 안다. 여기서 굳이 인문학적 철학을 말하고자 하는 것은 결코 아니다.

우리가 감정 또는 정서를 이야기할 때는 일반적으로 마음의 일곱 가지 정七情을 든다. 이는 우리 마음에 깊숙이 자리 잡고 있으며, 상호 균형을 이루려고 노력한다.

그러나 누구에게나 이 감정이나 정서가 같은 비율로 균형을 이루지 않는다. 사람마다 특정한 감정의 분출 정도에 따라 개성이 다르다고 표현한다. 개성은 감정이나 정서의 바탕 위에 각자의 독특한 성향, 기술, 관심사, 가치관 등이 결합하여 이루어진다. 이 개성을 균형 있게 다루고 통제함으로써 내적 평화와 지혜를 얻게 되어 진로 선택에 큰 영향을 미친다. 물론 이러한 개성에 따라 추구하고 집착하는 양태와 질이 다르게 나타난다. 이것은 진로 결정의 핵심적 요소가 되기도 한다.

어떻든 우리는 개성에 따라 진로를 결정하고 사회의 일원으로 역할과 소임을 하게 된다. 즉, 하는 일에 있어 어떤 사람은 기량에 맞게 성공하는 사람이 있는가 하면 어떤 사람은 실패하거나 중도에 포기하기도 한다.

이러한 현상은 개성에 의해 나타나는데, 일에 대한 흥미와 책임감의 정도에 따라 달라진다. 어떤 일의 성취감과 만족도로 인해 완벽하게 미쳐있든 아니면 설 미치거나 아예 미치고 싶은 의욕조차 없기도 한다.

미친 사람은 지금 하는 일에 대하여 기쁨과 인내를 가지고 흥미롭게 파고 들어간다. 따라서 당신도 어떤 일을 성공시키기 위해서는 성공시키고자 하는 강렬한 욕망 속에 일에 대한 사랑을 느끼고 모든 기량을 쏟아부어야 한다. 분명한 것은 그 일에 대한 흥미와 몰입의 강도에 따라 미치는 정도가 다르며, 물론 그에 따른 결과는 확연히 달라진다.

😊 성공한 사람의 행동은?

실패한 사람은 왜 실패했는지에 대하여 명확한 답을 하지 못한다. 꿈 속의 허영심에 사로잡혀 외부환경 탓으로만 일색 할 뿐이다. 이는 자신을 스스로 책임질 수 없다고 자인하는 결과로밖에 볼 수 없다.

또는, 앞으로 다가올 10년 후 미지의 미래와 어느 방향으로 튈지 모르는 불확실함과 운이 없어서 실패했다. 또는 첫 단추를 잘만 끼웠더라면~ 등 구구절절 변명만 늘어놓는다.

쇼펜하우어는 "허영심은 말을 많이 하게 하고 자존심은 침묵하게 한다."라고 말했듯이 기량을 닦고 전략을 수립하는 데에는 게을리하고 허영심만 앞서 말만 많아져서는 안된다.

반면에 성공한 사람은 왜 성공했는지 답이 간단하고 명료하다. 명확한 목표를 가지고 있는 재능을 백분 활용할 수 있다는 자신감으로 미친 듯이 도전하여 파고들었다고 한다. 즉 자기계발과 성장이 매우 중요한 요소였다는 것이다.

성공의 백미는 앞으로 수십 년 후의 미래에 닥쳐올 불확실성이 침입해 들어올 틈이 없도록 만드는 것이다. 즉 염려했던 미래의 불확실성을 확실성으로 이끌어 가는 유일한 방법은 바로 지금 하는 일에 미치는 것이다.

따라서 만약 당신이 실패를 경험하였다면 외부환경요인이 무엇인가를 찾기 전에 가장 중요한 것은 당신이 노력한 정도, 결정 과정에 대한 문제, 그리고 강인한 행동에 결함이 있었는지를 주목해야만 한다.

당신의 도전은 항상 새로운 도전이다. 어려움과 실패가 포함되어 있기에 이를 극복하고 배움으로써 더 나은 결과로 이끌어갈 수 있는 것이다.

따라서 가지고 있는 재능을 최대한 활용하면서 도전하는 것은 성장과 성취를 극대화할 수 있다. 즉 당신의 자신감과 자아 존중감을 높여 주고, 미래의 새로운 도전에 대한 능력치도 향상시킨다.

PART 04
고독은
독이 아닌 약이다

고독은 혼자 있는 모습으로 왠지 멍청해 보이거나 외롭고 무기력하며 쓸쓸해 보이는 것으로 치부한다. 심지어 현실을 받아들이지 못하고 부정하는 모습으로 비추어지기도 한다.

누구는 외롭고 의미 없이 시간을 보낸다는 생각에 견디기 힘들어 하는 해악 즉 '독'으로 생각하는 사람들도 있다.

반면에 이를 자기 발전에 적극적으로 활용할 수 있는 틈새 즉 '약'으로 받아들이는 사람이 있다. 즉 매너리즘에 빠져 주저앉은 그 자리에서 일어나 다른 세계로 날아갈 수 있는 날개를 찾는 시간으로 활용한다.

심리적으로 현 상황에서 벗어나 다른 무엇인가에 집착하다 보면 그것에 맘을 빼앗겨 빨려들어 감으로써 내면의 속성을 들여다볼 수 있는 시간이 된다.

필자는 지난 이른 가을에 홀로 아무것도 준비하지 않은 채 오롯이 김밥 한 줄을 들고, 백제의 고도故都인 부여에 있는 성흥산성을 찾았다.

어떤 목적을 갖거나 특별하게 경치를 즐겨보려고 올라간 것이 아니다. 마침 북적대는 서울에서 시골에 내려간 김에 자연스럽게 찾게 되었다.

쾌청한 날씨에 그늘 밑에 서 있노라면 시원한 바람이 스미는 가을의 초입이었다. 정상에 오르기까지 그렇게 먼 거리도 아니고, 참으로 한적하고 여유로운 산행이었다.

계절 탓인지 명산답지 않게 그야말로 오르내리며 마주친 등산객들이 손에 꼽힐 정도로 한가로웠다. 이렇게 정상까지 올랐다가 내려오는 동안 대화의 상대가 필요했다거나 혼자라서 쓸쓸하다거나 하는 느낌은 전혀 받지 못했다.

부담스럽지 않은 코스에 그저 자유로운 시간만으로 흡족한 산행이었다.

☻ 필자의 등산 일기

등산할 때는 정상만을 바라보고 올라가는 것이 일반적이다. 그러나 필자는 올라가는 동안에 산꼭대기보다는 수차례 뒤를 돌아 먼 곳을 내려다 보았다.

중턱쯤 오르다 보니 굽이치는 비단 같은 금강이 보이기 시작했다. 조금 더 올라 8부 능선에 보이는 광경은 전라북도 익산 웅포며 군산앞바다와 새우젓의 고장 강경이 한눈에 들어와 장관이었다.

마침 정상에 올라 「사랑나무」 밑에 앉아 사방을 둘러보니 천지의 모든 것이 눈 아래 있었다. 어딘지 갇혀있었던 가슴 구석구석이 확 열리는 것을 느꼈다. 도시에 살다 보면 고층아파트며 빌딩 속에서 위만 바라보게 된다. 그런데 이곳은 모든 것이 발밑에 있는 것이 새삼스러워 보였다.

　사방을 둘러보면 장항제련소와 부여 낙화암 그리고, 논산 훈련소며 서천 갈대밭 등이 눈앞에 있다. 장시간 열린 가슴으로 지난 날을 회상하며 나를 찾아보았다.
　너무 심취되어 시간 가는 줄 모르는 사이에 마음 구석구석을 뒤흔들고 있었다. 이러한 모습은 다행히 혼자였기 때문에 가능한 일이었을 것이다.
　대자연과 함께 숨 쉬고 있는 이 성흥산에서 백제의 도읍을 사수하기 위해 무시무시하게 순수한 돌로 축성하였구나! 하는 생각과 함께 이 터에서 수없이 많은 영혼이 무명으로 생을 마쳤을 것이라는 생각에 돌연 숙연해졌다.

　과연 나는 현 사회의 일원으로 세상과 함께 호흡하면서 내 삶을 위해 어떤 성을 쌓고 있는지 또한 사회에 무슨 공헌을 하고 있는지를 되돌아보게 되었다.
　이 자연이 주는 무상의 혜택에만 의존하여 정체된 삶에 만족하며 살고 있지 않은가를 생각해 보니 마음이 급해지기도 했다.

그러나 단순하지만 한편 다행스럽게 이런 생각이 떠오른다는 것은 한 방향으로 경직되어 있지 않고 이쪽저쪽으로 뻗치는 상상력이 있었구나! 라는 생각을 하니 한편 안도감이 생겼다.

누군가는 혼자 있는 나를 보고 왠지 외로워 보이고 처량하게 여겼을지 모른다. 그러나 필자는 그 옆에 누가 있었다면 수다를 떨거나 현실적 이야기에 빠져있었을 터인데 다행히 혼자였기에 아주 값진 시간을 가질 수 있었음에 기뻤다.

이와 같은 현상은 오직 필자만이 느끼는 감정은 아닐 것이다. 일과 싸우며 빠르게 살아가는 도시인들뿐만 아니라 가사에 얽매인 주부들도 늘 이런 시간 즉, 자신을 돌아볼 수 있는 고독한 시간을 원할 것이다.

고독은 당신에게 대자연의 판정자 앞에서 꼭 필요한 시간이다. 당신의 생각과 감정을 정리하고 복잡한 환경에서 새로운 가닥을 찾는 소중한 시간으로 활용한다면 대자연은 가려는 길을 안내해 줄 것이다.

당신의 심리적 평화와 명확한 방향을 찾아가는데 보탬이 되며, 미래를 대비하는 과정에서 필수적인 시간일 것이다. 내면의 목소리를 듣기 위해 당신 자신과 진솔하게 대화할 수 있는 계기를 가져라.

그 대화에서 얻은 통찰력과 명확한 가닥은 앞으로 나아가는데 큰 보탬이 될 것이다.

PART 05
시간과 공간을 지배하라

 그렇다. 누구나 혼자 무슨 일을 처리하지 못하여 쫓기는 강박관념을 갖고 있으면, 많은 사람 속에서 함께 웃고 있다고 해서 즐겁고 보람된 시간을 보내는 것은 아닐 것이다.
 즉, 누군가가 곁에 있어야 외롭지 않고 가치 있는 시간을 보내는 것은 아니다. 생각이 무엇인가에 닿아 있을 때 고독을 느끼지 않는다. 고독은 시·공간 속에 있는 것으로 이를 어떻게 관리하느냐에 따라 즐거움 또는 외로움을 느끼게 된다.

 필자는 성흥산성에서 가져 간 김밥 한 줄을 먹으며 해가 서산에 너울댈 때까지 시간 가는 줄 모르고 있었다. 잠시나마 나도 모르게 자연과 하나가 되어버렸다.
 주위에 보이는 하나하나에 빨려들어 갔다. 평소에 떠오르지 않았던 시상詩想들이 한꺼번에 봇물과 같이 터져 나와 주체 할 수 없었다.
 그 순간을 활용하여 삶의 여정에서 순수한 자연이 준 섭리의 정체성을 찾아 숱한 어려움을 극복하고 미래를 다짐하는 마음에서 지어본 시이다.

고독은 생각의 바다일 뿐만 아니라 침묵 속의 대화이고, 삶의 거울이며, 성장의 길이라 할 수 있다. 얼마 전에 사람들이 북적대는 롯데월드에 가족들과 함께 갔었던 일이 머리를 스쳤다. 그렇다. 그곳을 찾았던 사람들은 겉으로 외롭고 쓸쓸해 보이는 사람이 하나도 보이지 않았다.

왜냐하면 서로가 의식하고 쳐다보지 않기 때문이다. 사람들이 붐비다 보니 서로 피해 다니고 구석구석 길을 찾아야 하기에 멍청하게 다닐 수 없을 것이다. 지나갔던 곳도 정신을 바짝 차려야 찾을 수 있을 정도니 말이다.

가림산성의 꿈

오늘은 너를 성흥聖興산성이라 부르리~
웅진성熊津城과 사비성泗沘城을 뒤에 두고
금강 끝자락을 바라보며
급한 절벽에 돌더미 높이 쌓아놓고
누구를 위해 고귀한 몸을 던졌느냐

굽어보는 앞산에 누워있는 호걸豪傑[2]이며
터 자락에 대현 목은牧隱[3]의 영혼이
너의 근엄한 기개氣槪를 바라보고 있구나
금강도 백마강도 잡을 듯 잡지 못한 한恨
원대한 꿈이 묻혀있는 사비성의 설움
돌무더기에 깊이 묻어 놓고 내일을 꿈꾼다.

---

2) 지혜와 용기가 뛰어나고 기개와 풍모가 있는 사람
3) 포은圃隱 정몽주, 야은冶隱 길재 등의 스승임

할미새의 노래

산성 뒤꼍
법당은 고즈넉이 서 있고
미륵보살의 입상에 걸린 풍경은
세월을 흔들며 은은히 울리네

할미새와 함께 외로이 울부짖는
사비성의 만수무강 발원은
밤을 지새우며
가림성의 깊은 설움을 달래는구나

세월의 바람이 가득한 이곳에서
고요한 밤하늘에 별들이 떠오르며,
옛 이야기들이 속삭임처럼 흐르고
추억의 그림자들 무심한 운명을 노래하네

가림성의 설움

만년의 절개節槪
백마강 청淸거울에 비추어진 궁전엔
천상天上의 삼천궁녀들이
넋 놓아 연민憐憫하네

너의 혼魂은
산성에 가두어 걸음을 돌리고
흘러가는 강물은
끝없는 세월을 노래하네

무너진 성벽 위엔
바람만이 쓸쓸히 지나고
떠도는 구름마저
지나온 역사를 슬퍼하네

😊 고독은 깊은 생각의 바다이다

그렇다. 고독은 생각의 바다임은 분명하다. 불확실한 사회 속에서 급변의 환경에서 자신만의 길을 찾아가야 하는 현실에 직면하고 있다. 방향성과 닥친 과제를 풀어야 하는 도구가 바로 고독이다.

볼거리가 차고 넘쳐 무엇을 보고, 무엇을 찾아 먹어야 할지 순간순간 선택의 연속이었다. 그야말로 다양한 사람들이 모여 서로 부딪칠 정도로 인산인해를 이루고, 온갖 산물의 집합소로서 모든 것들을 보는 즐거움만으로 충족을 느끼는 곳에 살고 있다.

또는 인간 욕망의 근본으로서 먹고 즐길 수 있는 곳으로서 손색이 없을뿐더러 그만큼 역동적이고 생동감이 넘쳐나는 장소임에는 분명하다.

이 순간 그 복잡한 곳에 있었다면 나는 어떤 모습일까! 아마도 벗어나는 순간 해방감을 가졌을 것이다. 많은 것을 보았기에 눈도 피곤했을 것이다.

그리고 느끼고 생각할 여지가 없었기에 머리는 공허하였을 것이다. 그뿐만 아니라 이리저리 치이다 보면 육신은 더없이 피곤했을 것이다.

그러나 시대가 요구하는 문명에 대하여 부정적인 의미만을 갖는 것이 아니다. 역동적이고 생동감이 넘쳐흐르는 시대적 문명은 우리가 만들었기에 충분히 누려야 할 특권이다.

그러나 '고독'이라는 화두를 소화하기에는 불합리한 장소임에 분명하다.

고독은 당신의 내면에 잠재하고 있는 목소리와 소통의 틈새를 제공하여 이해하는 계기를 만들어주고 자아 발견과 성장의 찰나를 찾을 수 있게 해 준다. 당신 자신의 고요한 시간은 창의를 발휘하게 하고 새로운 아이디어를 돌출시킬 수 있게 해 준다.

미래를 위한 계획을 세우고 목표를 달성하기 위한 준비를 하는 것도 이 시간을 유용하게 활용하는 방법이다. 당신에게 주어져 있는 고독을 과거와 미래를 연결해 주는 소중한 시간으로 활용하라.

PART 06
창작의
도구는 상상력이다

    상상력은 창작의 과정에서 필수 요소이며, 또한 고독과 같아서 흔히 마주치는 동반자 중 하나이다. 즉 인생 창작의 도전은 종종 고독과 같은 감정에 맞닥뜨릴 수 있다.

    고독은 창의성을 키우고 내면의 강점을 발견하는 과정에서 필수적인 요소일 수 있다. 창작자는 자신만의 세계에 머물면서 독창성을 발휘하고, 고난과 역경을 극복하면서 더 깊이 성장할 수 있다.

    앞서 고독은 함께하는 사람이 둘이냐 셋이냐 하는 물리적인 현상이 아니라 시간과 공간 속에 존재하는 것으로서 단순히 혼자 있다고 해서 초라하고 외롭다는 것이 아니다.

    당신이 지금 무엇을 바라보고 어떤 일에 이미 미쳐있거나 몰입해야 할 그 무엇을 찾는 중이라면 심리적으로 외롭다고 하지 않을 것이다.

    따라서 상상의 고독은 자신의 잠자고 있는 달란트를 발견하여 욕망에 따른 자아를 구현하기 위한 도구로 활용한다면 결코 부정적으로만 바라볼 것이 아니다.

공간적으로 혼자 있는 시간 즉, 고독이라는 도구를 적극적으로 활용하여 상상력을 통한 내면세계를 발견하는 계기로 활용할 가능성이 높다.

당신도 지금 고독을 안고 고요한 곳을 찾아 길을 나서라. 장소는 그리 중요하지 않다. 호수도 좋고, 산도 좋고, 바다도 좋은데 다만 혼자 있을 만한 곳이면 족하다. 좀 더 고려한다면 최소 몇 시간은 자유롭게 머무를 수 있는 곳이라면 더욱 좋다.

다만 목적을 갖고 떠나지 않는 것이 좋다. 그 장소에서 목적과 그에 합당한 답을 찾기 위해서이다.
지금까지 당신이 알고 있었던 모습이 아니라 남다른 모습을, 발견하려는 것에 집중해 보아라. 찾지 못하면 끈질기게 찾을 때까지 반복해서 떠나보아라.
일회성으로 흡족한 답을 얻으리라고 믿으면 안 된다. 거듭 반복하다 보면 당신이 몰랐던 당신의 능력을 발견할 것이다.
물론 정체성도 찾고 자아를 구현하는 길을 발견할 것이다.
고독이 당신의 마음을 피폐하게 만드는 것이 아니라 미지의 열정과 희망을 안겨주는 창작의 시간을 가져다 줄 것이다.

☻ 예술은 고독의 결과물이다

　미켈란젤로는 자유와 독립적 정신으로 가득한 예술가이다. 표현함에 있어 독특하고도 강력한 특징인 '물리적인 강인함과 정신적인 내면의 갈망'이 조화롭게 작품에 녹아들어 있다.
　그의 세밀한 관찰력과 예술에 대한 순수한 사랑이 초인적인 열정으로 빛을 발했다. 예술가의 울타리에 머물러 예술 이외에는 누구를 사랑하거나 사랑을 받지도 않은 상태의 슬픔 그 자체로 고독한 삶이었다. 이 과정에서 자아를 발견하고 독자적인 작품을 창작하게 된다.

　창작과 소통은 상호 보완적 관계로서 다양한 영감을 얻기 위해서는 많은 경험과 인터랙션(interaction)이 필요하다. 당신의 내면에서 단련된 아이디어의 독창성을 탐험하고, 형성하는 과정이기 때문에 이는 매우 자연스러운 현상이다.
　따라서, 고독은 독창적 아이디어를 발현시켜 당신만의 창작세계를 탐험케 하여, 새로운 아이디어를 발굴하는 단계라고 말할 수 있다.

잠자고 있는 생각과 판단력을 깨우려면 몇 가지 전략을 시도해 볼 수 있다.

1. 명상과 명상적 순환
   일정한 시간을 내어 명상을 통해 마음을 진정하고 머리를 정리해 본다.

2. 활동적인 휴식
   걷거나 운동을 통해 몸을 활동하면 뇌의 기능이 활성화되어 생각과 판단이 개선된다.

3. 새로운 환경과 경험
   새로운 장소를 방문하거나 다양한 경험을 쌓으면 기존의 고정된 생각 패턴에서 벗어날 수 있다.

4. 문제해결 및 분석
   작은 문제나 과제에 직면할 때 체계적으로 분석하고 해결책을 찾아보는 것은 뇌를 활성화하여 창의성을 높일 수 있다.

고비가 있어야 산이고,
산은 넘어야 할 고비이다.

「3분, 인생을 바꾸다」 중에서/야촌 이청원

2부
어디를 바라보고 있나!

밤에 잠을 자는 건
내일의 새로운 희망을 꿈꾸기 위해서다.

「3분, 인생을 바꾸다」 중에서/야촌 이청원

잠자는 행위는 단순히 휴식 이상의 의미를 지닌다. 희망이라는 기대는 자기 자신과의 심리적인 싸움으로써 새로운 날을 통해 얻어지는 동력이다.
누구나 내일의 희망 속에서 긍정적인 마음으로 새로운 경험과 도전을 하길 원한다. 왜냐하면 새로운 시작은 새로운 기회를 열어주기 때문이다.

PART 01
세상은 제로섬 게임만이 아니다

우리는 종종 세상을 제로섬 게임으로 생각하곤 한다. 하지만 '세상은 제로섬 게임이 아니다.' 왜냐하면 우리가 서로 협력하고 지식을 공유함으로써 우리는 더 좋은 세계를 만들어 낼 수 있기 때문이다.

세상에는 사람의 눈에 가시적으로 보이는 작물, 지하에 묻힌 각종 광물 등이 있다. 대표적인 유한자원이라 할것이다. 그 밖에 가장 중요한 인적자원도 물리적 한계와 시간적 제약의 관점에서 보면 역시 유한자원으로 볼 수 있다.

이 유한한 자원의 한계에서 벗어나려면 우리는 협력해야 한다. 자원은 한정적이지만 창의성과 협동으로 우리는 새로운 가능성을 창출할 수 있다.

그러기 위해서는 지식의 공유가 바로 우리의 미래다. 머릿속에 지식을 감추는 것이 아니라 이를 모아 나누면 우리는 더 빠르게 발전하고 성장할 수 있다.

우리의 새로운 아이디어에 의한 기술과 혁신은 끊임없이 진보하고 이를 통해 우리는 제로섬 게임의 틀을 벗어나 새롭게 세상을 바꿀 수 있다.

우리는 현재 제로섬 게임의 사회풍토에 살고 있다. 먼저 유한자원에 대하여 생각해 살펴보자. 한정된 자원 속에서 누군가 가져가는 사람이 있으면 누군가는 못 가져갈 수밖에 없다.

그야말로 우리는 관념적으로 이러한 사회적 구조인 제로섬 사회에서 살고 있다. 집단에서 승진하는 사람이 있으면 탈락하는 사람이 있고, 달리기에 1등 하는 사람과 2등 하는 사람이 있으며, 경기에서 이기는 팀과 반드시 지는 팀이 있는 적자생존 구조이다.

😊 유한자원을 무한자원으로 만들자

사람은 물리적 한계와 시간적 제약이 있기에 일정한 측면에서 유한자원으로 간주할 수 있다. 사람은 무한한 독창적 능력과 발전 가능성을 가진 존재로 볼 때 무한한 자원으로 여겨진다. 즉 개개인은 삶은 유한하지만 그 사람이 가지고 있는 창작에 의한 산물은 무한하다는 뜻이다.

사람은 무한한 잠재력을 가지고 있지만, 일상적 현실에서는 유한한 자원을 관리하며 삶의 규칙적으로 이어가고 있다.

즉, 사람은 유한자원을 이용하여 그 자원이 고갈되기 전에 다른 대체재를 지속적인 상태로 만드는 능력을 갖추고 있다. 이것이 바로 인간이 가지고 있는 독창력이다.

누군가와의 경쟁자를 찾거나 경쟁의 목표를 두지 말고 자신의 창의력에 의존하라. '창의'는 창작의 원동력으로 문제를 찾고 해결하며, 새로운 생각을 도출하고 표현하기 위해서는 당신을 하는 일에 몰입하게 한다. 미치지 않으면 창작력은 후천적인 인자라 성장하지 않는다.

창의력은 자극을 받지 않으면 밖으로 튀어나오지 않고 영원히 마음속에 잠자고 있게 된다. 실패한 창작물이라고 해서 좌절하거나 낙심할 필요가 없다.

성공하면 누군가는 패배하는 것이 아니라 성공이라는 것은 인간의 외형적 다양성에 따른 창작물이라서 서로 주고받으며 공존하는 것이다.

그렇다면 유한자원에서 바라보는 제로섬 사회에서 나타나는 현상으로 나의 성공은 다른 사람의 실패에 기반하고, 나의 부는 다른 사람의 빈곤으로부터 얻어지는 것 같다.

나의 실패나 불행은 다른 사람의 실패나 불행을 대신해서 짊어진 것 같다. 이는 물리적 관점에서 보면 설득력이 있을 수 있다. 그러나 정신적인 측면을 고려하면 결단코 성립하지 않는다. 인간에게는 본능적으로 진보적 창의력이 있기 때문이다.

PART 02
창작의 본능을 잊지 마라

　창작의 본능은 우리를 더 발전된 미래로 이끄는 원동력이다. 창작의 본능은 새로운 도전에 부딪히고 문제를 해결하며 우리를 끊임 없이 발전하게 한다.
　누구나 독창적 사고 속에서 살다 보면 다양한 영역에서 크고 작은 실패가 있다. 그 실패 속에서 더 강력하고 지혜로운 존재로 성장할 뿐만 아니라 '나의 실패는 누군가에게는 성공의 열쇠가 된다.'하였듯이 타인에게는 밑거름이 되기도 한다. 즉, 내가 놓은 주춧돌은 결코 땅에 묻혀 쓸모없는 돌이 아닌 누군가에게는 디딤돌이 된다는 것이다.
　바꿔 말하면 경쟁 관계에서 내가 실패함으로써 상대가 성장할 수 있는 필요조건을 얻었다는 의미일 것이다. 여기서 전자는 인간이 가지고 있는 창작의 본능관점에서 바라본 것이고, 후자는 바로 사회의 구조적인 제로섬 사회에서 나타나는 것이다.

　따라서 인적자원을 물리적 측면에서의 유한자원이 아닌 정신적 무한자원으로 견인하기 위해서 하나의 중요한 핵심적 포인트가 있다.

나의 실행에 있어 실패든 성공이든 최대한 정리하여 기록하고 공개하라는 것이다. 그럼 누군가는 나의 경험을 활용함으로써 성공하는데 지대한 역량으로 삼을 것이다.

😊 우리는 미친 세상에 살고 있다

지구상에 존재하는 모든 산물은 발전하고 진화하게 되어있다. 보통사람들은 따라잡기 힘들 정도로 미친 듯이 변화해 간다. '세상이 미쳤나 봐'라는 말이 절로 나올 정도로 급변한다.

이 변화를 이끌어 가는 것이 바로 인간의 창작으로부터 나타난 산물들이다. 그만큼 소리 없이 창작으로 인한 산업의 발전은 세계 구석구석에서 이어달리기하고 있다. 이와 같은 현상은 전 세계인이 각기 다른 달란트를 지니고 각자의 영역에서 창작의 주역으로 존재하고 있기 때문이다.

또 한편 어느 조직이든 리더가 있고 추종자가 있다. 그 추종자 중에는 조직에 이득을 전혀 주지 못하면서 가스라이팅만 일삼고 있는 사람이 있다. 자신뿐만 아니라 조직문화 및 조직원들의 영혼까지 앗아가는 암적인 존재가 되기도 한다. 그러면서 이런 사람은 본인의 행위가 지극히 건설적 행위라고 항변한다. 이러한 악의 환상 행위 역시 집요하게 진화해 가고 있다.

어쨌건 당신의 무한한 상상력과 창의성은 꿈틀대고 있다. 즉, 항상 내부에 긍정의 독창적인 불꽃을 품고 있다. 어린 시절 색연필로 종이에 그림을 그리는 순간부터 독창의 본능을 드러냈다. 독창의 본능을 잊지 말아라.

그 불꽃을 불태워 더 나은 아이디어를 공상하고 새로운 길을 개척해 나가는 것이 당신의 역할이자 책임이다. 그것이 바로 당신의 삶에 대한 가치이며 사회의 일원으로 존재하는 이유일 것이다.

PART 03
천재적 재능과 기질은 다르다

　재능은 특정한 분야에서 뛰어난 능력을 의미하지만, 기질은 태도나 행동을 의미한다. 즉, 특정한 분야에서 천재적 재능을 갖고 있다고 해도 기질은 다양하게 나타난다. 또 한편 천재의 재능은 타고난 것이 아니라 학습과 경험에 기반하여 예외적인 능력과 창의성이 갖춰지게 되기도 한다.
　즉, 천재의 재능은 어떤 분야에서도 개인의 노력과 열정에 의해 발전 가능성을 가지고 있다. 반면에 기질은 각각의 개인마다 독특하게 유전적 또는 환경적 요인에 의해 영향을 미치는 것으로 성격, 감정, 행동의 패턴 등으로서 상대적 측면에서 월등하게 안정적이다.
　지능지수는 프랑스 알프레드 비네 또는 독일 윌리어 슈테른뿐만 아니라 미국 루이스터먼 등에 의해 개발 변천되어온 척도이다. 이들은 지능지수를 연령대별로 구분된 언어능력과 수리력, 추리력 그리고 공간지각력 등을 기반으로 구성된 일련의 문제를 지필식 집단검사 방식을 통하여 분석하고 테스트 했다.

　최근에는 이와 같은 집단검사보다는 '웩슬러식' 또는 '카우프만식'의 개인형 검사를 사용하기도 한다.

다만 어떠한 방법에 따른 검사이든 지능은 유전적 요인보다 교육, 환경, 훈련, 자극 등에 의해 개발될 가능성이 훨씬 높아진다는 것이다. 따라서 지능지수가 어떤 사람의 지적인 능력을 적절히 표현해 주는가에 대해서는 또한 많은 논란이 있다.

그러나 우리는 천재라는 말을 서슴지 않고 쓴다. '천재天才(genius)'란 보통사람에 비교해서 정신 능력, 즉 지능지수(IQ)가 높은 사람을 뜻한다.
이는 정신 연령을 생활 연령으로 나눈 다음 100을 곱하여 계산하는데, 평균값을 100으로 보고 90~110을 보통으로 본다.
지수에 의해서 이처럼 구분하지만, 천재는 아주 두드러지게 뛰어난 재주를 가진 사람으로 무언가 잘할 수 있는 타고난 능력과 슬기를 가지고 있는 사람을 말한다.
즉, 어떤 영역에서든지 우월한 능력을 가지고 있는 사람을 천재라고 한다. 다른 말로는 통념상 영재라고도 표현한다.
보통 지능지수(IQ)가 120~130정도의 학생이 모범적 학교생활을 할 수 있는 여지가 높다는 통계도 있다. 하지만 130이상이면 또래 수준의 사고에 동조하지 못함으로써 모범생이 되지 못할 확률이 높다는 통계도 있다.
지능지수와 창의성은 서로 다른 능력으로 다양한 인지능력과 특성을 나타낸다. 지능지수는 특정한 분야에서 빠른 학습능력과 문제해결 능력을 나타낸다.

반면에 창의성은 문제를 독창적으로 해결하는 상상력, 독립적인 사고, 혁신적 발상 능력이다. 이는 서로 상관관계가 있으나 지능지수가 높다고 해서 창의성이 높은 것은 아니다. 창의성은 지능뿐만 아니라 경험, 성격, 환경 등 다양한 요인의 영향을 받기 때문이다.

우리가 소망하는 것은 천재적 재능보다는 창작자가 되기를 바라는 것이다. 따라서 지능이 뛰어난 사람이라도 창의성을 키우기 위해서는 새로운 경험에 개방적이고, 시험적인 사고를 가져야하며 어려움을 극복해 나가는 문제해결 능력을 가져야 한다.

그밖에 현실적 목표와 그에 대한 도전의 기질도 요구되는 중요한 필수 요건 중 하나이다.

PART 04
재능이
부족한 사람은 없다

    우리는 단순한 생각 즉 아이디어나 상상력, 창의력에 대한 재능이 미흡하다고 생각할 필요는 없다. 단지 재능을 밖으로 표출하려는 능력의 차이에 불과하다.
    자신의 재능을 드러내려는 확장성을 마음속에 품고 있으면 족하다. 이 마음이 발전함으로써 이미 다양하게 잠재하고 있는 재능들은 확장되어 성숙하게 된다.

    물론 노력에 따라 차이는 있으나 어떤 일을 하는데 필요한 재주와 능력은 타고난 능력과 훈련으로부터 획득되는 것이다. 따라서 획득 정도에 따라 차이는 있으나 재능이 부족한 사람은 없다. 다만 강점과 약점이 공존할 뿐이다.

    인간의 본능 속에는 자신이 좋아하는 대상을 소유하고 싶어 하고, 그것을 구하려는 탐욕이 있다. 무엇보다 이미 구한 것을 지키는데 쓰는 에너지보다 새로운 것에 욕심을 가지는 것이 중요하다. 이는 더 많은 욕망을 충족시키려 하는 근원이 되기 때문이다.

☻ 숨어있는 본능을 깨우자

사람마다 고유하게 가지고 있는 열정, 추진력, 도전 등은 마음의 본바탕인 품성과 다르다. 추진력과 열정이 강한 사람이 있는 반면에 그렇지 않은 사람이 있다.

품성은 선천적으로 가지고 있는 것으로 재능과는 별개 문제이다. 자연적으로 소질을 가지고 있는 부분에 야욕이 크게 작용한다. 각자 타고난 소질에 의하여 획득한 것으로 누구나 다양성을 갖고 있다. 문학에 소질을 가진 사람이 있는가 하면, 예술, 체육 등 여러 분야에 다양한 잠재적 달란트를 지닌 사람도 있다.

다만 잠재하고 있는 재능을 깨우지 않으면 밖으로 노출되지 못하고 영원히 숨어있게 된다. 이 숨어있는 달란트를 밖으로 드러내기 위해서는 번뜩 깨울 수 있는 충격을 주어야 한다. 깨워 일으킬 수 있는 도구가 바로 흥미로운 것을 찾아 즐기는 것이다.

흥미로운 것은 막연하게 누가 갖다 주는 것이 아니고, 잠재적 소질이 강한 것으로 찾으려는 노력이 필요하다.

즐기는 방법 역시 그 일에 애정을 쏟아 끌려가려는 관심으로부터 시작된다. 그로 인하여 숨어있는 달란트가 자연스럽게 분출되고 이것이 씨앗이 되어 자아를 발견하게 된다.

즉, 현재 가지고 있는 것이 부족하더라도 열렬한 애정과 끈기를 가지고 열중함으로써 열정 정도에 따라 얻거나 이룰 수 있는 질과 양은 달라지게 된다.

현재 목적달성을 하지 못하였다고 그 일을 포기하게 된다면 그 무엇도 얻을 수 없을 것이다. 이를 상대성에 의한 경쟁 관계로 바라보고 덜 가졌다고 생각하여 포기하면 패배자가 되는 것이다. 앤 설리번은 "시작하고 실패하는 것을 계속하라. 실패할 때마다 뭔가 가치 있는 것을 얻게 될 것이다."라고 했다.

☺ 성공을 즐기기 위해서 포기하지 말자

그 일에 실패할 것이라고 생각하면서 도전하는 사람은 세상에 아무도 없다. 우리의 삶의 과정에서 일어나는 실패를 인생의 실패라고 할 수 없다.

어떤 목적을 설정하여 최선을 다했다면 패배한 것이 아니며, 그 과정에서 얻은 결과물 자체가 성공한 것이다. 그 잔재는 인생 어딘가에 크게 영향을 미칠 수 있는 자산이 될 것이다. 그 실패는 어떤 일을 하는데 최소한의 자양분으로 작용할 것이다.

앤 브래드 스트리트는 "겨울이 없다면 봄은 그리 즐겁지 않을 것이다. 때때로 고난을 맛보지 않으면 성공이 그리 반갑지 않을 것이다."라고 말했다.

우리 사자성어 중에 '여러 번 실패하여도 굴하지 않는다.'

즉, '누좌불뇌屢挫不餒'라는 말이 있다. 왜 이런 말이 나왔을까? 우리가 어떤 일을 하다 보면 실수가 아닌 실패의 기미가 보일 때가 있다. 그러면 그 실패 요인에 대한 문제점을 해결할 방법을 찾는 것이 일반적이다.

이는 현재진행 중인 상태 즉, 미완성단계를 거쳐 완성돼 가는 과정임으로 확실하게 성공할 것이라는 보장은 없다. 그러나 목적지인 성공의 맛을 즐기기 위해서 포기하지 말아야 한다.

여기서 보통사람들은 고난이 닥치면 포기하고 미친 사람들은 포기할 줄 모르고 늘 즐기는 사람이다.

니체는 "위대한 것은 방향을 결정하는 것이다."라고 했다. 보통사람들은 대부분 긍정적인 방향으로 마음을 이끌어 간다.

그러나 "어려워", "힘들어", "안 돼!"라고 내뱉는 사람들은 스스로 부정적 즉 불가능한 쪽으로 유도한다. 결국에는 포기 또는 회피하는 방법을 찾아서 끝내 모든 것들을 머릿속에서 지우기 시작한다. 심지어는 자기합리화를 통하여 상대방에게 부정을 설파시키려고 한다.

이런 사람들은 마침내 주위를 떠나거나 주변을 정리하여 눈에 잔재가 보이지 않도록 모든 것을 지우게 된다.

결국 그 일에 혐오감을 가지게 되고, 정신적으로나 시간적, 물질적으로 상처만 남아 만신창이가 된다. 많은 시간적, 공간적, 물질적인 낭비를 했다고 한탄만 한다.

지금까지 열심히 노력하고 훈련과 학습으로 획득한 대가는 온데간데없이 스스로 원점으로 돌려놓고 만다.

여기서 인내심을 발휘하여 진취적 해결방안을 채택하였다면 얻을 수 있었던 이익마저 머릿속에서 모든 것을 지우는 극단적 방법을 채택함으로써 놓치게 된 경우의 손실이 매우 크다. 결국 나타나는 결과는 후회이다.

그렇다면 인내와 진취적 사고가 풍부한 사람들은 실패했다고 인지하는 순간 어떻게 할까!

역설적으로 생각하고 행동한다. 기회손실이라고 생각하거나 인위적으로 비우려 하지 않고 간직하려고 노력한다. 이것이 경험이고 곧 자산이기 때문인 것이다.

☻ 실패한 결과물을 어떻게 처리할까!

당신이 필자에게 "실패구나!"라고 느끼는 순간 어떻게 하는 것이 바람직하겠느냐?"고 묻는다면 역시 지우려거나 버리려고 하지 말라고 할 것이다.

최대한 오랫동안 머릿속에 넣어 놓고 있으라고 조언할 것이다. 그것이 당신만이 가지고 있는 소중한 재능이기 때문에 간직해야 할 자산이다.

미친 사람들은 이렇게 보관된 산물이 많을수록 삶이 여물어가고 일의 성공률을 높이게 하는 자양분으로 쓴다.

따라서 이렇게 배양된 것이 바로 후천적 훈련으로 획득한 능력인 것이다. 그로 인하여 다른 일에 있어서 필요한 때 허둥대지 않고 순발력 있게 찾아 쓸 수 있게 된다.

즉 틀릴 확률이 높은 문제나 자주 틀리는 문제를 정리해 놓은 오답 노트와 같이 사용할 수 있다.

개인이 타고난 능력과 훈련을 통하여 획득한 능력이 부족한 사람은 없다. 누구나 장래의 꿈을 실현하기 위해 전략을 수립한다.

인생의 계획은 벤처 즉 스타트업을 창업하기 위한 설계와 같다. 즉 혁신적인 기술 혹은 아이디어를 갖고 신생 창업기업을 실현하는 것과 같다.

이를 실현하기 위해서는 먼저 기본적으로 로드맵이 필요하다. 이 로드맵은 퍼즐을 맞추는 것과 크게 다르지 않다. 즉 실현과정에서 여러 차례 다양한 연습을 통하여 퍼즐 조각들을 이리저리 옮기고 맞추어 나가는 것과 같다.

이때 필요한 것은 경험에서 얻은 오답 노트이다. 본인이 가지고 있는 경험이 부족하면 전문인으로부터 자문을 얻어보거나 컨설팅을 받아 충족시키기도 한다.

만약 오답 노트가 충실하여 퍼즐을 맞춰 가는데 무리가 따르지 않는다면 재미와 기쁨에 빠져 미친 듯이 좋아서 웃음이 끊기지 않을 것이다. 따라서 성공확률이 크게 높아질 것이다.

우리 삶은 자신을 드러내고자 하는 확장성을 가질 때 희망을 느끼게 되는 것이다. 그러기 위해서는 다양한 경험을 통한 재능을 배양해야 한다. 그 순간을 포착하고 성장의 시너지를 확대함으로써 희열을 느낄 수 있다.

PART 05
꿈을 비전으로 이끌자

비전은 꿈과 확연히 다르다. 꿈은 무의식적인 경험상태인 현실과 연관이 없거나 애매모호한 반면에 비전은 미래의 모습을 공상하고 그것을 실현하기 위한 명확한 목표와 계획의 설정인 것이다.

즉, 비전은 자아실현을 현실로 만들어 내는 과정이다. 물론 비전은 우리가 원하는 목표와 꿈이다. 희망이 들어간 포괄적 의미를 내포하고 있다.

꿈, 즉 희망 속에서 깨어나지 못하고 비몽사몽 상태인 사람들을 흔히 볼 수 있다. 즉 원대한 꿈을 꾸고 있다고 하면서 무엇인지 드러내지 못하고 허둥지둥하고 있다.

원대하던 그렇지 않던 장래에 대한 계획이나 희망이 없는 상태에서 막연하게 시간만 허비한다.

어떤 일을 창작하려면 목적물에 대한 목표가 명확해야 하고, 성공할 수 있는 능력을 갖추고 있다는 자신감이 있어야 하며, 설정한 목표를 향해 포기하지 않고 자기 스스로와의 싸움에서 이겨야 결과물을 얻을 수 있는 것이다.

이와 같은 행위 즉 치밀한 계획 속에서 도전하고 노력하는 정신이 곧 비전을 구현하는 것이다. 그렇다고 이러한 일련의 행위가 특별한 사람에게만 결코 주어지는 것은 아니다.

가벼운 마음으로 가정해 보면 먼저 훌륭한 가정을 꾸려야겠다는 목표를 설정한 다음 이상적인 사람을 찾을 수 있다는 자신감을 지니고, 최선을 다해 넓은 시야에서 부지런히 다양한 각도로 상대를 바라보며 선택한다면 아주 훌륭한 가정을 이룰 수 있는 것과 같다.

발명가들처럼 창작 대상이 다양하듯이 역시 사람마다 비전이 다양하다. 물론 당신은 지금 허둥지둥하거나 비몽사몽하지 않고 깨어 있으리라 믿는다.

다만 어떤 비전속에서 목표를 향하여 매진하고 있는지 묻고 싶다. 분명한 것은, 그 일에 애착을 갖고 포기하지 않는다면 그 비전은 당신의 눈앞에 아른거릴 것이다.

이런 생각도 해볼 수 있다. 주거 문제를 해결하기 위해 아파트를 외형적 기본 골조만 형성한 상태로 분양하는 방식이다. 실내 장식과 경량화된 칸막이를 구매자가 선택할 수 있게 하여 자유롭게 주거 공간을 꾸밀 수 있도록 함이다.

또한, 우리가 수없이 많이 사용하고 디스펜서 펌프 캡에 있어서도 부품으로 철재 스프링이 부품으로 조립됨으로써 용기까지 재활용에 어려움이 있다. 이를 해결하기 위해 철재 스프링을 제거한 디스펜서 펌프 캡이 개발되었다. 'ES-Cap'이라는 브랜드로 시장에서 크게 각광을 받고 있다. 이는 기존 철제스프링이 조합된 펌프 캡보다 내구성 및 탄성력에서 월등하게 우월하다. 이처럼 특정 산업에서 발생하는 문제점을 개선하여 현실화시키는 원동력은 상상에 의한 창조라 할 것이다.

PART 06
미친 사람은 어떻게 행동하나

일반적으로 일에 미친 사람은 목표 지향적으로 일하고 일에 대한 헌신이 강하다. 이뿐만 아니라 일하는 방식과 뒤처리 방식이 다르다.

일에 미친 사람은 그 일에 있어서만큼은 천재 소리를 듣는다.

일 처리 방식에 있어 어떤 사람은 책상이 깨끗이 정리된 상태에서 일한다는 사람이 있는가 하면 어떤 사람은 오만 자료들이 펼쳐져 있어야 일하는 맛이 난다는 사람이 있다.

이처럼 일 처리 방법도 복잡하게 아직 발생하지 않은 미지의 문제까지 끌어와서 해결하려는 사람이 있는가 하면 발생한 문제를 단순하게 만들어 처리하는 사람이 있다.

그렇다면 일에 있어 미친 사람과 보통사람의 사이에는 문제 해결방법에 있어서 어떤 차이가 있을까! 문제가 발생하면 처음에는 미친 사람이나 보통사람들 모두가 나름대로 해결하려고 최선의 노력을 한다.

그러나 두 사람 모두 문제를 끝까지 해결할 수가 없다는 결론에 이르게 되어 포기의 순간이 눈앞에 있다고 가정하자. 즉, 발생한 문제를 해결하기 위한 아이디어가 더는 나오지 않아 결정을 해야 할 상황이 닥쳤을 경우를 말한다.

바로 이러한 상황에서 미친 사람과 보통사람의 차이가 발견된다. 일반적으로 이성적 사고가 작용하는 보통사람은 이 지점에서 완벽하게 포기하고 모든 것을 잊어버리려고 한다.
가망이 없는 일에 시간을 낭비하지 않기 위해 여기서 포기하는 것이 합리적이라고 생각하는 것이다.

골먼의 연구 결과에 의하면 "천재는 그 일에 대하여 완전히 포기하지 않는다."고 말한다. 문제점을 의도적으로 머릿속에서 지우려고 노력하지 않고 입력시켜 놓은 상태로 있다는 것이다.
즉, 천재는 찾고 있던 방법을 입력시켜 놓은 상태에서 때와 장소를 가리지 않고 종종 필요에 따라 떠올려 활용한다.
의식 속에 문제점을 의도적으로 지우지 않음으로써 언젠가는 새로운 국면의 계기를 갖게 된다고 생각하는 것이다.

당신은 지금까지 발생한 문제를 스스로 해결할 수 없다는 결론에 이르러 포기한 순간에 어떻게 행동하였는가?
그 사실이 치욕이라고 생각하여 머릿속에 의도적으로 지우려고 노력하지 않았는지 되돌아보길 바란다. 만약 일을 향한 목표 지향적 사고에 미쳤었다면 당신은 그 일에 있어서 천재이다.

　분명한 것은 당신이 그 당시에 풀지 못했던 문제가 언젠가는 풀려 새로운 국면을 맞게 될 것이다.

물은 계곡을 마다 않고
계곡은 태산과 함께 논다.

「3분, 인생을 바꾸다」 중에서/야촌 이청원

3부
문명의 종착점은 어디인가?

변화는 논리적 주장이 아니라
창의적 사고를 시도하는 것이다.

「3분, 인생을 바꾸다」 중에서/야촌 이청원

변화는 본능적으로 자신보다는 상대가 변화해 주기를 바란다. 그러나 상황을 이끌어 가는 주체는 자신이기에 본인으로부터 변화가 실현되어야 한다.
즉, 상황변화를 이루기 위해서는 상대를 단순히 논리적으로 설득하는 것으로는 부족하다.
자신이 창의적 사고, 즉 기존의 틀을 벗어난 새로운 아이디어와 접근 방식을 시도하는 것이 진정한 변화를 가져올 수 있다.
따라서 혁신과 발전을 위해서는 변화를 통한 창의성과 상상력이 필수적이라는 걸 강조한다.

PART 01
다양한 문화가
숨 쉬고 있는 사회이다

　최근처럼 급변하는 사회에서는 일 자체의 변화도 빠름으로 새로운 직업이 생겨나기도 하고 다양한 직업들이 주기적 라이프사이클을 나타내고 있다. 이와 같은 현상은 사회환경 변화에 따라가는 대학교 커리큘럼에서 쉽게 확인할 수 있다.
　즉, 유사한 학과를 융합하여 새로운 학과를 신설하기도 한다. 그뿐만 아니라 얼마 전까지 있었던 학과가 폐쇄되거나 없었던 학과가 생기기도 한다.

　특별한 경우 부모의 과도한 욕심 등에 의해 전공을 선택하여 결국 실패하는 경우 또한 비일비재하다. 자녀들은 원하는 직업 결정을 위해서 자신이 좋아하는 비전이 있는 전공을 선택해야만 한다.
　이를 기반으로 자신의 능력을 사회에서 가치 있게 활용하여 자아를 형성시키켜 사회의 일원으로서 입문하게 된다. 2000년대 이전의 산업구조는 농·축업을 거쳐 한때 두 자릿수의 경제성장을 이루어 단순한 제조업 중심의 산업화 시기를 거쳐 왔다.
　이 시기에는 중화학공업에 기반하여 대규모 생산에 초점을 맞추었다. 그 후 최근에는 사회적으로 새로운 직업 및 미래형 직업의 발생에 맞춰 다양한 가치들이 공존한다. 이에 따라서 자기에게 상대적으로 귀중한 가치와 우선순위를 부여하는데 촛점을 두고 있다.

 사회의 다양성이 확대될수록 선택의 폭은 넓어진다. 즉 선택의 자유가 확대되기 때문에 직업을 선택하는데 용이하다. 선택의 폭이 넓어진 이면에 전문성을 요구받는다. 따라서 선택 과정에서 어떤 관점이 자신에게 더 중요한 의미가 있을지를 생각해 보아야 한다. 선택에 있어서 가장 긴요한 것은 그 일에 대하여 푹 빠져버릴 만큼 좋아하는지 살펴봐야 한다.
 그리고 잠재적으로 어떤 재능을 갖추고 있는지를 확인해 볼 필요가 있다. 그 일에 열정을 다하면 자연히 재능은 쑥쑥 성장하지만 그렇지 못하면 그 재능은 빛을 못 보고 숨어 있게 된다.

 선택한 일을 좋아한다는 것은 그 일을 즐긴다는 것이다. 그 속에서 자연스럽게 인간의 본능인 독창적 활동이 이어지게 된다. 따라서 자기가 원하는 꿈을 이뤄가는 자아실현의 과정으로 발전하게 된다.

😊 무슨 일을 하며 살아갈까!

첨단이라고 하는 기계나 장치 등에 있어서도 단점이 없는 것은 없다. 단점이 있기에 이를 개선하기 위하여 지속적인 연구를 하게 된다. 사람에게도 단점이 없는 사람이 없다. 다만 단점을 극복하기 위한 변화를 통하여 사회가 지향하는 방향으로 자아를 실현해 가는 것이다.

이러한 현상을 사회적 관점에서 바라보면 가치실현의 차원에서 최선을 다한 일은 자신이 지향하는 사회적 가치를 구현한다. 이것은 자신에게 부여된 소명의식과 연결되는 행위다.

그 일을 처리하는 데에는 다른 사람들과 관계형성이 필요하다. 그리고 사회적 가치실현뿐만 아니라 나아가 자신의 명예와 지위를 획득하는 지름길이기도 하다.

초등학교부터 중·고등학교를 거쳐 대학교까지 장장 16년 동안 다양한 학습 과정을 거치면서 자아를 발견하게 된다. 이론과 머리로 이해하는 일과 조직 생활의 모습과 그것을 실제로 경험해 보는 것은 전혀 다른 차원의 문제이다.

따라서 자아를 실현하는 과정은 일과 조직 생활의 모습과 그것을 실제의 경험을 통하여 축적되어 가는 것이다. 그러기 위해서는 좋아서 선택한 것으로부터 다양한 경험을 쌓아가는 과정이 필수적이다.

자신이 좋아하는 일의 가치에 대하여 최소한의 미래의 가치관과 기준을 그려 놓는 것이 핵심적이다. 그래야 일에 대한 확장성을 통해 인접하고 있는 또 다른 일에 도전할 수 있는 기반을 갖추게 된다.

당신은 "좋아하는 일을 해야 할까?" 아니면 "잘하는 일을 해야 할까?"에 대한 고민을 하고 있는가? 만약 고민하고 있다면 결론적으로 선택한 일에 질주할 수 있느냐가 답이다.

선택한 일을 좋아는 하는데 질주할 수 없다면 외부로부터 부정적 요인이 작동되지 않았나 돌이켜 볼 필요가 있다.

PART 02
경쟁력을 갖추려면
어떤 노력이 필요할까?

　자본주의 사회에서는 이윤획득을 위한 생산 활동에 투자되는 모든 요소에 가치를 산정하여 투입하고 이에 따른 성과물의 가치를 시장에서 결정한다.
　여기에 투입되는 핵심요소 중 하나가 인적자원이다. 이 인적자원이 불량하거나 본연의 기능을 발휘하지 못하는 자원이 투입된다면 성과물의 가치가 떨어지는 결과를 가져오는 것은 당연하다.

　따라서 이에 대한 특별한 개선책으로 인적자원에 대한 용도를 변경한다. 즉 적합한 용도를 찾아 보직을 변경하게 되는 것이다.
　성과물의 가치에 순기능을 하는, 즉 없어서는 안 될 필수 핵심 직원들을 제외하고 늘 기존 관례적 방식을 벗어나지 못하는 직원들이나 주어진 일을 스스로 수습하지 못하고 주위 직원들에게 의존하는 직원들이 모두 대상자다.

　당신은 이 순간 불량하거나 본연의 재능을 발휘하지 못하는 인적자원인지 확인해 보아야 한다. 그렇지 않고 기다린다면 결코 그 시간은 당신을 기다려 주는 시간이 아니다. 그 기다리는 시간은 당신을 낙오자라는 팻말 앞으로 안내하게 될 것이다.

그렇다면 경쟁력을 갖추기 위해서는 구체적으로 어떤 노력을 해야 할까? 먼저 외부환경이나 업무적성을 탓하지 말고 입사 동기부터 살펴서 초심으로 돌아가라. 입사지원서를 통하여 입사하기까지 치열한 경쟁 속에서 여러 단계를 거쳐 선택되었다.

당신은 입사 지원 동기에 충분한 프로필을 갖추고 있었으며, 그 재능을 충실하게 발휘하여 장래를 맡길 수 있음은 물론 회사의 주역이 되겠다는 확신 속에서 입사를 원한다고 썼을 것이다.
따라서 회사는 소양과 재능을 보고 필요한 인재로 성장하여 회사에 충분히 이바지할 것이라고 다양한 평가방법을 통하여 당당하게 선발되었음은 분명하다.

그러나 어느 순간부터 당신도 모르는 사이에 본래의 소질과 재능 발휘는 물론 더 크게 발전시키지 못하고 머물러 있는 인적자원이 되었다면 초심으로 돌아가 입사지원서를 깊이 살펴보아라.
그 어느 것도 탓하지 말고 순수하게 당신 탓으로 돌려놓고 원인을 찾아보아라. 그리고 조직은 상대적 평가임을 염두에 두고 1차적으로 당신의 조직 안에서 추종해야 할 대상이 누구인지 둘러보아라.
그 대상도 입사할 때는 당신과 대등한 조건과 대우를 받고 출발하였다.

자칫 추종할 대상자를 조직 밖에서 찾으려고 하면 허상만 보일 수 있으니 가능한 안에서 찾아라. 이것이 바로 당신의 경쟁력이 어느 정도인지 주관적인 측정을 가능하게 하는 것이다.

따라서 당신의 약점이 무엇인지를 상대의 실적이나 지식 등을 비교해 보면 알게 된다. 정확하게는 자가 체크리스트를 작성하여 주기적으로 체크해보면 약점이 어떻게 변화하는지를 확인해라. 경쟁력을 신장시켜 나가게 될 것이다.

☺ 인생에 낙오자의 낙인은 찍지 말자.

보직변경을 통하여 변화하도록 만드는 결정적인 길을 포착한다. 진급이 늦었다거나 당신이 가지고 있는 재능을 백분 발휘하지 못하고 머물러 있다고 해서 영원한 낙오자가 되었다고 지레 걱정해서는 안 된다. 당신도 훌륭한 프로필을 지니고 입사하였다.

다만 갖추고 있는 재능과 현재하고 있는 업무와 이질적이어서 본래의 기량을 발휘하지 못하고 잠재적으로 숙면하고 있을 뿐이다.

따라서 재능을 즐길 수 있는 업무를 찾아 즉 보직변경을 통하여 재도약의 계기를 찾을 수 있다. 다만 좋아하는 업무를 찾았다고 해서 호락호락하게 바라봐서는 더 큰 시련을 겪게 될 수 있다는 것을 명심해야 한다.

지나간 어제 일은 바꿀 수 없으나 내일 아니 오늘의 일은 능히 바꿔 나갈 수 있다. 조직은 당신의 생각대로 만만하지 않다.

만약 이 업무에서 제대로 기량을 펼치지 못하고 진취적이지 못하다면 당신은 그 조직에서 영원한 낙오자로 각인 될 것이다. 자기와의 싸움에서 패배한 사람 혹은 신용불량자로 타락할 수 있다.

낙오자가 되지 않으려면 단순한 월급쟁이가 아니라 돈을 받으면서 당신의 기량과 재능을 배양해야 한다. 좋아하는 일을 선택한 만큼 그 일에 미치면 얼마든지 앞서가고 있는 사람들을 추월할 수 있다.

천재도 노력하는 사람을 이길 수 없다고 하였듯이 당신이 현재 모든 재능을 갖지 못한 것은 당연하다고 생각해야 한다. 그러나 당신은 그 일을 좋아하기 때문에 얼마든지 차곡차곡 쌓아 나가면 누구도 따라올 수 없는 당신만의 경쟁력을 갖춘 전문가가 될 수 있다고 확신한다.

재능은 낙수에서 떨어지는 물방울과 같아서 처음에는 아주 작게 시작한 것이 바위를 뚫는 큰 결과를 가져오기도 한다. 그뿐만 아니라 티끌 모아 태산이라고 사소하게 성공한 일들이 모여 엄청난 산물로 탄생하게 된다. 그러기 위해서는 남다른 굳은 신념과 열정

그리고 치열한 노력과 실행이 뒤따라야 한다.

한 마디 덧붙이면, 급변하는 사회에 산업은 다양하게 세분화되어 가고 있다. 그만큼 전문성을 요구하는 시대이다. 지금까지는 사회적으로 화이트칼라가 높은 급여와 대접을 받았다면 최근 인공지능의 급속한 발전으로 금융, 회계, 일반서비스직 등에 한파가 몰려오고 있다. 이들은 결국 AI에 지배당할 수 있다.

이제는 블루칼라의 시대가 도래하고 있다. 즉 창의성을 바탕으로 한 기술력을 갖춘 직업군은 지속적으로 성장할 것이다. 손으로 직접 무언가를 만들고, 기술을 활용하여 문제를 해결하는 직업군이 각광을 받을 것이다. 특히 환경 지속 가능성과 관련된 녹색 직업군이 주목을 받고 있으며, 이는 블루칼라 직업군의 하나로 새로운 기회를 열어줄 것이다.

결국 성공의 열쇠는 AI에 저항하는 것이 아니라, 그와 함께 변화하는 것이다. 거듭하여 창의성과 기술력을 갖춘 직업군은 앞으로도 지속 성장할 것이며, 이는 불확실한 시대 속에서 새로운 기회를 잡을 수 있다. 따라서 인생의 성공을 위해 블루칼라 산업에 뛰어들 용기 또한 필요하다.

PART 03
세상 문명의 발전은 종점이 없다

우리 인간의 욕망이 사라지지 않는 한 문명의 발전에는 종착점이 없다. 욕망은 새로운 것을 추구하고 추구하는 바를 성공시키는 성취감에 의해 삶의 희열을 즐기게 된다. 문명의 발전은 지속적인 릴레이로 이어달리기와 같이 종착점이 없다.

인류는 기본적인 의식주를 해결하기 위하여 농작물을 경작하고 사냥을 하면서 시작되었다. 효율성이 높은 도구를 요구하게 되고 끊임없이 개선을 해오면서 발전해 왔다.

그뿐만 아니라, 영토 및 패권전쟁을 통하여 새로운 살상 무기가 개발되고 군사 물자 보급 및 병사에게 급식을 위한 가공식품이 발전하게 되었다.

그 밖에 1차, 2차 대전을 거치면서 인접 국가는 물론 대륙을 넘어 다양한 문명을 교류하게 되었다. 이러한 현상은 지금도 진행 중이며, 인류가 존재하는 한 꾸준하게 벌어질 것이다.

인간의 본능은 끊임없이 보다 더 '편리하게', '간단하게', '빠르게' 등의 욕망 속에서 새로운 산물을 추구한다. 따라서 인간의 생활을 경제적으로 풍요롭게 유인하기 위하여 재화나 서비스를 창출하는 생산적 기업이나 조직에 기반하고 있는 모든 산업이 예외 없다.

물론 농·축업, 임·광업, 공업을 비롯한 유형물의 생산을 바탕으로 하는 산업은 말할 나위 없다. 지금도 누군가는 이러한 활동을 통하여 문명은 발전시키고 있다.

이들은 이러한 과정에서 창출된 산업재산권에 의해 일정 기간 독점 배타적 권리를 획득함으로써 노력에 대한 보상을 받게 된다.

☻ 나도 사회의 중추적인 일원이다

당신도 세상에 새로운 문명을 밝혀 줄 수 있는 재능보유자이다. 숨어 있는 재능을 세상에 나와 빛을 보기 위해서는 자신의 긍지와 가치관이 필요하다.

즉, 사회의 일원으로서 인류의 삶에 직간접적으로 공헌할 수 있는 확신 속에서 존재가치를 찾아야겠다는 생각이 충만할 때 시작하면 된다.

문명을 바꾸는 것은 특정인의 전문영역 아니며, 대상이 크고 작은 것과도 무관하다. 회사원, 전업주부, 스포츠인, 문학인 등은 물론 학식이 많고 깊음에 관계없이 사회의 일원이라면 누구나 인류의 새로운 문명을 밝혀 줄 수 있다.

사례를 들어보면 원시 시대에 불은 의도적 과학적 근거를 갖고 발명한 것이 아니라 우연히 발견하게 되었다. 이를 이용하여 음식을 익히고 난방을 하였다. 오늘날의 우리가 사용하는 모든 산물은 지혜와 지식, 경험들을 근거로 자연이 준 자원을 하나둘씩 서로 필요한 요소를 접목하고 조합시킴으로서 새롭게 탄생하게 된 것이다.

무엇인가를 새롭게 탄생시키는 행위를 발명이라고 한다. 이는 사전적으로 '과학적 창의와 기술적인 아이디어를 통한 새로운 방법 · 기술 · 물질 · 기구 등에 대한 발명'으로써 특수한 과학적 패러다임이나 일상적 발견을 통하여 근대적 산업의 기술혁신을 가져왔다.

새로운 것을 탄생시키기 위해서는 무엇보다 중요한 것은 창의적인 생각으로 아이디어를 찾는 것이다. 당신이 공상 속에서 새로운 문명을 찾아 남다른 직관력을 통하여 신선한 아이디어를 찾아내느냐가 중요한 핵심요소이다.

☻성공은 생각이 완성되는 것이다

문명발전을 위해서는 먼저 무엇을 발전시킬지에 대하여 직관력을 갖고 대상을 선정하고, 그것의 문제점이 어떤 것인지를 찾아내면 성공의 고지에 다가가게 된다.

다음에 그 문제를 해결할 수 있는 아이디어를 찾으면 완성단계에 이르게 된다. 이것이 바로 과학과 기술을 발전시키는 한 요소이다. 이러한 대상에는 물건일 수도 있고, 일을 처리하는 방법 및 물건을 생산하는 방법 등이 있다.

당신도 새로운 문명발전의 주역이 될 수 있다. 주저하지 말고 도전을 통하여 사회의 문명을 발전시키고 당신은 산업재산권에 의해 독점 배타적 권리를 획득하여 노력에 대한 보상을 받게 된다.

성공은 하나의 생각이 완성된다는 것이기 때문에 많은 요소가 필요하다. 따라서 계획, 창의 노력, 그리고 자신의 실행의지력 등이 있어야 한다.

목적을 달성하기 위해서는 먼저 생각·이상·관념의 바탕아래 창작된 기술적 사상이 반영된 것이어야 한다. 그리고 독창적인 사고에 의해 새로운 것으로 즉 창작創作적인 것이어야 한다. 기술 수준이 높고 산업상의 이용 가능성과 참신한 신규성을 그 요건으로 들 수 있다.

인간은 늘 새로움을 추구하고 다른 사람들로부터 돋보이고 싶은 욕망을 간직하고 살아간다. 아주 작게는 서면 앉고 싶고, 앉으면 눕고 싶다는 말처럼 의욕은 가일층 높아지게 된다.

우리의 이러한 사고가 바로 문명의 발전으로 이어지게 된다. 따라서 이러한 욕망이 사라지지 않는 한 문명의 발전은 무한하게 이루어진다.

PART 04
반드시 인생에는 깔딱고개가 존재한다

　어느 산이든 등반을 시작하게 되는 초입은 경사가 심하지 않아 얕잡아 볼 만한 언덕과 같은 곳이다. 이는 우리들의 삶에서 처음 도전을 시작하면서 맞이하는 상황과 같다고 할 것이다. 즉 인생의 시작은 중량감이 낮아 그다지 부담스럽지 않다.

　인생의 경사를 지나 정상에 오르는 것처럼 산의 정상에 오르는 것은 아름다운 것이다. 그러나 산을 오르다 보면 유난히 힘이 들어 숨이 깔딱깔딱 넘어가는 고개가 있다. 젊은 세대는 청년들에게는 진학과 취업이 깔딱고개일 것이다.

　아무리 여러 번 다녔던 등산코스라고 하더라도 미리 충분하게 준비해야 한다. 하물며 처음 접하는 등산코스는 기대 반 두려움 반으로 첫발을 내밀기 때문에 철저한 전략이 필요하다.
　역시 기대는 정상이고 두려움은 깔딱고개이다. 바로 이 지점이 산행의 가장 어려운 영역이자 포기하고 싶은 분기점을 만들어 내는 장벽이다.

분명한 것은 산행 중에는 평지가 없이 오르막과 내리막만 존재한다. 이 오르막과 내리막은 각자 가지고 있는 기량에 따라 받아들이는 강도가 다를 뿐 누구나 부담스럽다.

가파른 경사에 계단이 놓여있는 곳이 깔딱고개라고 생각하여 막바지 힘을 다해 올라간다. 그런데 그 위에 그야말로 감당하기 어려운 험한 깔딱고개가 기다리고 있는 경험을 누구나 한번은 해 보았을 것이다.

기량을 갖추지 못한 사람은 결국 그 지점에서 주저앉고 만다. 즉, 정상에 올라가 천지를 지배한 짜릿한 쾌감을 맛보겠다는 기대는 포기하고 새로운 편한 코스를 찾게 된다.

우리가 어떤 일을 처리하다 보면 인내심을 테스트하는 것처럼 산 넘어 산인 경우를 자주 겪게 된다. 이러한 현상은 깔딱고개를 오를 수 있는 기본적 기량을 갖추고 있는 사람에게 주어지는 것이다.

그런데 이것을 감당하지 못하고 불만으로 받아들인다면 그 일 자체를 포기하는 것과 다르지 않다.

불만 속에서 일하면 수동적 행동으로써 능률은 떨어져 좋은 결과를 얻을 수 없게 된다. 결국에는 그 등산보다 수월하게 오를 수 있는 산을 찾는 것처럼 그 일을 떠나 편안한 일을 찾겠다는 것과 같다.

호랑이 앞에 있는 토끼처럼 세상 모든 일이 자신이 생각한 대로 수월하게 되는 일은 없으며, 대충해서 얻어지는 것 또한 없다.

지금 당신에게 주어진 일이 태산같이 쌓이고 봇물과 같이 터져 몰려오고 있다면 과연 어떻게 하겠는가? 만약 그렇다면 인위적인 인내심으로 극복하려고 하지 말아라. 먼저 일을 즐길 수 있는 묘책을 찾아라.

당신에게 그렇게 많은 일이 몰리는 것은 잠재하고 있는 기량과 재능이 있기에 몰려오는 것이다. 이런 현상은 부족한 사람에게는 요구하지 않는다. 당신의 출중한 역량으로 돌파할 수 있다는 자긍심과 자신감 발휘하여 즐기면 그 결과는 창대할 것이다.

호랑이가 굴속에 갇혀있는 토끼를 잡는데도 신중하게 접근한다. 다만 어떤 일을 처리할 때는 물론 새로운 일을 접할 때는 사전에 신중하게 분석하고 충분한 전략을 갖고 도전하면 된다.

우리의 삶에서도 마찬가지다. 때때로 예상치 못한 문제, 기대에 만족하지 못한 결과, 또는 감당하기 어려운 과제를 만나게 된다.
그러함에도 불구하고 그 난관을 극복할 수 있는 용기와 힘, 그리고 지구력이 결국 우리를 경지로 이끌어 가게 된다. 우리는 그 과정을 통해 내면적인 속성과 지혜가 육성될 수 있다.

어려움을 극복하는 능력, 강인한 지구력과 도전을 통해 자아를 발견하는 과정이라고 할 수 있다.

PART 05
구차한 변명은 하지 마라

우리는 일을 하다 보면 성공도하고 실패도 한다. 그러나 분명한 것은 실패보다 성공의 확률이 높다. 실패한 사람들은 "주위 환경만 따라 줬다면 크게 성공했었을 수 있었을 텐데."라고 말하는 사람들이 있다.

그들은 집안 형편이 좋지 않아서, 자격조건이 되지 않아서, 도와주는 사람이 없어서, 운이 따라주지 않아서 등 그럴싸한 이유를 들곤 한다.

당신도 그런 적이 있었나? 혹시 그런 일이 있었다면 구체적으로 어떤 동기에 의해 성공하지 못했다고 생각했는가!

자신이 성공하지 못한 이유를 본인의 의지와는 관계없이 외부 환경 탓으로 돌린다. 환경만 제대로 갖춰졌다면 반드시 성공했을 것이라고 확신하는 것이다.

당신이 처한 현재의 고난과 역경을 극복하고 미래를 꿈꾸는 것이 성공의 시작이다. 사람이 살아가면서 다양한 모습의 역경과 고난을 만나게 된다.

그 고난과 고통이 많을수록 희망을 이어가야 한다. 성공한 사람들은 특별한 능력과 동력을 가지고 태어난 건 결코 아니다. 섬너 레드스톤은 "성공은 성공 위에서만 생기는 것이 아니다. 성공은 실패 위에서도 생겨나는 것이다."라고 했다.

성공한 사람의 특징을 보면 집중력이 뛰어난 사람이며, 어려움을 개척의 도구로 이용하는 진취적인 생각을 충족하고 있다. 성공한 사람들이 가지고 있는 공통적인 행동이 있다.

첫째, 자신이 하는 일에 대한 열정과 흥미를 찾아 긍정적인 태도를 갖는다.

둘째, 어려움과 실패에 직면해도 끈기를 내세워 자신의 선택과 성공에 대한 책임의식을 갖는다.

셋째, 새로운 도전을 통한 끊임없는 성장과 설정 목표에 대한 실행 지향성을 갖는다.

넷째, 문제해결을 위한 창의적인 해결 의지와 목표에 집중하고 수선순위를 정하여 계획적인 행동을 갖는다.

환경이 어떤 목표를 달성하는데 일정 부분 도움을 줄 수는 있다. 그러나 절대적인 것은 자신하고의 싸움이다. 환경이 성공에 지대한 영향을 미친다면 몸이 불편한 사람, 나이가 많은 사람, 배우지 못한 사람 등은 모두 성공할 수 없는 것인가?

☻성공을 방해하는 요소는 무엇인가!

극단적인 어려운 환경에서도 성공한 스티브 잡스는 과연 어떠하였는가! 그는 '기억해야 할 건 모든 것들이 연결되어 있다는 것'이라는 사상과 비전으로 고등학교를 중퇴한 후 도전정신을 갖고 기술에 승부를 걸어 성공하였다.

현대그룹의 고 정주영 회장은 초등학교도 졸업하지 못했지만 탁월한 생각은 물론 강한 배짱과 통찰력을 바탕으로 실행을 앞세워 환경을 탓하지 않고 일에 집념을 갖고 최선을 다해 우리나라 최고의 기업을 이룩해 냈다.

결국에는 성공의 맛을 느끼지 못한 사람들은 외부환경이 좋지 않아서라기보다 통찰력과 실행력이 없었던 사람들이다.

도전할 준비는 물론 시도조차 하지 않고 머뭇머뭇하다가 동력을 놓치고 외부환경이 좋지 않았다고 구실을 댄다. 당신은 지금 골프에서 백스윙(backswing) 해 놓고 들 쉼에 쳐야 할지 낼 쉼에 쳐야 할지 고민되어 망설이고 있지 않은가! 돌아보아라.

당신은 도전할 준비는 되어있는가? 준비가 돼 있다면 시도할 의지가 충만해 있는가? 그렇다면 머뭇거리지 말고 과감한 투지를 갖고 시도하라. 그렇지 않고 환경 탓에 기대어 머뭇거리면 희망은 뒷걸음치게 된다.

토마스 에디슨도 "시도했던 모든 것이 물거품이 되었더라도 그것은 또 하나의 전진이기 때문에 나는 용기를 잃지 않는다." 라고 말했다. 머뭇거림은 제자리걸음과 같다. 그 사이에 옆 사람은 부지런히 앞으로 걸어 나아간다.

제자리걸음과 앞으로 나아가는 걸음에 소모되는 에너지는 같다. 따라서 당신에게 주어진 소중한 시간을 놓치지 말고 제자리걸음의 에너지를 전진의 동력으로 사용하여라.

당신이 생각하는 못마땅한 저해 환경은 쉽게 변하지 않는다. 주위의 모든 어려웠던 환경은 어제 또는 오늘의 문제가 아니었다. 결단코 바꿀 수 없는 그 환경을 탓하기 전에 당신의 생각을 바꾸려는데 노력해 보아라.

성공의 방해요인은 바로 당신 자신에게 있다고 생각을 바꾸면 외부환경은 아무것도 아닌 것이 될 수 있을 것이다. 당신이 도전할 준비가 되어있다면 즉시 실행에 옮겨 미치게 된다면 반드시 성공의 맛을 볼 것이라는 신념을 잊지 말아라.

PART 06
제대로 미친 사람은 누구인가!

　토머스 에디슨은 "나는 실험에 실패할 때마다 성공을 향해 한 발짝 한 발짝 다가가고 있다고 생각했다. 실패 없는 성공은 없다." 라고 말했다.
　우리가 잘 알고 있는 레오나르도 다빈치의 일대기를 살펴보자. 그는 우리에게 유럽의 거작을 남긴 화가로 알려져 있다. 대표작으로 '모나리자', '최후의 만찬' 등 세계적인 유명작품을 남겼다.
뿐만 아니라 그는 발명가, 건축가, 과학자, 해부학자, 지질학자, 천문학자, 수학자, 의사, 음악가, 화가 등 다방면을 두루 섭렵한 다재다능한 천재로 자아를 발전시켰다.

　여기서 다양한 전문영역에서 재주와 재능이 여러 가지로 많은 것을 갖춘 사람이 다빈치이다. 화가의 길을 지나 건축가를 거쳐 결국은 과학자의 영역까지 이른다. 음악가이자 신체를 대상으로 하는 화가로서 사람을 치료하는 의사이며 해부학자로 스스로를 발전시켰다. 게다가 그는 자연의 모습을 그리는 캠퍼스에 옮기는 화가로서 더욱 구체적이고 현실적인 표현하고자 했다.

자연을 한 장의 종이에 원근에 의한 생동감을 표현하는데 미치다 보니 수학적 사고를 갖게 되었다. 따라서 이를 기반으로 지질학자, 천문학자의 경지에 오르게 되었다.
　이론적 관점에서 보면 예술과 과학, 문학과 예술의 경계점은 있으나 현실적 관점에서는 재주와 재능의 경계는 불분명하다.

　그러나 다빈치의 삶을 살펴보면 절대로 그렇지 않다. 문학과 예술을 넘나들며 천하에 수많은 걸작을 창작하였다. 그 근원은 그림을 그리는데 미쳐있었기 때문에 여러 학문과의 연계성에 의해 파생된 산물인 것이다.

　이는 유연한 생각을 바탕으로 탐구하는데 미쳐있었기 때문에 가능한 일이었다. 그는 사람은 무슨 일에 완벽하게 미쳐버리면 어떠한 결과를 얻게 되는지를 현실로 입증한 사람이다.
그가 우리에게 주는 메시지는 "너는 어떤 일에 미쳐있는가?"를 확인해 보라는 것이다.

변화는 논리적 주장이 아니라,
창의적 사고를 시도하는 것이다.

「3분, 인생을 바꾸다」 중에서/야촌 이청원

Chapter 2

1부 성공과 실패의 분기점은 어디인가
2부 인재 속에서 인재를 찾는다

1부
성공과 실패의 분기점은 어디인가

어제의 실패는 변하지 않지만,
오늘의 노력이 내일을 성공으로 만든다.

「3분, 인생을 바꾸다」 중에서/야촌 이청원

과거의 실패나 실수를 없었던 것으로 되돌릴 수 없다. 그러나 그 실패는 현재와 미래의 성장을 위한 중요한 자산으로 활용할 수는 있다. 즉, 이 순간부터 새롭게 시작해서 원하는 결과를 만들어 낼 수 있다는 희망과 가능성을 찾아가는데 충실하게 운용하면 충분하다.
지난 실패를 어떻게 관리하여 다가오는 미래의 일에 효율적으로 활용해서 성공의 길로 이끌어 갈 것이냐의 과제를 비유한 말이다.

PART 01
1등만을
강요당하는 풍토다

    세상에는 항상 일등만 성공하여 살아남는다는 말이 통설처럼 횡횡한다. 그리고 1%가 사회를 끌고 가는 구조라는 슬픈 통설이 존재한다. 그러나 이 말은 지배라는 관점에서 보면 그럴싸하나 삶의 의식 관점에서는 거리가 멀다. 당신이 지금 하는 일에 지식이나 기술에 있어서 최고이면 족하다.

    즉 프로페셔널이면 성공한 것이 아닌가? 예체능 분야에서의 운동경기 등과 같이 순위를 정하기 위해 메달을 요구하기도 하지만 야구에서 3할 타자이면 팀의 에이스급으로 대우를 받는다. 즉 일반적으로 역량이나, 명석함에 대해서는 순위의 등급을 정하지 않는다.

    우리 인간은 객관적 보다 선입견 속에서 살고 있다. 본인이 처한 분야에 뛰어난 경쟁력을 갖기를 원하고 특별한 능력을 요구한다.

    이러한 환경 속에서 우리는 외제 명품가방, 고가 시계 등으로 과시하고, 평수가 큰 고층아파트에 외제 큰 차를 타야 하는 획일적인 사회적 풍토에서 벗어나지 못한다. 모든 것을 갖추어야 경쟁에서 메달을 획득했다는 선입견이 보편화 되어있다.

필자는 얼마 전에 예술의 전당에 연극을 보러 갔다. 배우의 몸짓이며, 대사 하나하나가 아주 자연스러웠다. 출연한 배우들의 일체감도 훌륭했다. 마칠 때까지 푹 빠져들어 즐거웠으며, 짧은 시간이나마 즐거움을 느끼는데 흡족했었다.

시간이 가는 줄 모르고 연극이 끝나 문을 나서면서 생각해 보았다. 등장한 배우들은 극본에 따라 관객을 의식하고 주어진 삶을 살아가고 있음을 새삼 알게 되었다. 이들은 배우라는 직업적 관점에서 관객을 의식한 삶을 살고 있다.

그렇다면 극본이 없는 우리들의 관객은 누구일까! 막연하게 객관적 선입견 속에서 우월성만 추구하는 것은 아닐까!

당신은 극본에 의해 무대에서 연기하는 것처럼 자연스럽게 성공의 극본에 따라 적극적이고 진취적인 삶을 살고 있는가? 진정 행복한 삶의 성공은 남의 의식에서 벗어나 비교하지 않는 능동적인 삶이 아닐까! 생각한다.

☺ 우리는 어떤 길을 걷고 있나!

사회적 관습처럼 여겨지는 일반적인 성공은 일류대학을 졸업하고 번듯한 대기업에 들어가거나 요즘 직업 중에 최고로 돈을 잘 번다는 의사가 되거나 아니면 사법·행정고시에 합격하여 고위 관료에 속해야만 인생 성공이라고 한다. 과연 그럴까?

확률적으로는 그럴 것이다. 이는 사회적 풍토가 일류만을 추구하기 때문이다. 따라서 학구적 능력에 따라 일류대학에 들어가고 또한 취업 능력이 결정되기 때문에 일반적으로 사회에서 성공했다고 본다. 일류대학에 들어가기 위해서도 역시 공부에 흥미를 갖고 미쳐야만 한다.

그러나 오늘날 산업화 사회를 거쳐 글로벌시대의 정보화에 따른 다양화된 직업 사회의 풍토에서 학구적 능력에 의한 일류만이 성공했다고 할 수 있을까! 상대성에 의한 1등이 아니라 절대성에 의한 전문성이 있으면 족하지 않을까!

"살아남는 가장 좋은 방법은 잘 만드는 것이지 크게 만드는 것이 아니다."라고 알리바바 마윈의 말이다. 내가 하고 싶어서 선택한 노동 현장에서의 미장공, 용접공 등으로 '명장', '프로페셔널'이면 어떤가!

학교 커리큘럼은 일반적으로 급변하는 시대에 뒤따라가는 보수적인 경향이 있다. 최근 취업을 준비하다 보면 전공과 상관없는 영역까지 제대로 실력을 쌓아야 하는 시대이다.

일자리를 구하려면 코딩기술은 선택이 아니라 필수가 되어버렸다. 특히 IT는 특별한 전문가 영역이 아니라 첨단산업을 넘어 모든 산업의 필수가 되었다. 즉 이공계의 독점적 영역이 아니라 인문계열에서도 코딩기술은 피할 수 없는 현실이다.

최근 인공지능의 급속한 발전으로 많은 화이트칼라 직업들이 큰 변화를 맞고 있다. 특히 사무직, 회계, 고객서비스와 같은 분야에서 AI가 인간의 일을 대체가 급증하고 있다. 이러한 상황에서 청년들은 점차 화이트칼라 직업보다 기술을 요하고, 창의적인 해결책을 요구하는 전문 블루칼라 직업군으로 눈을 돌리고 있다. 따라서 전기기술자, 용접공, 도배공 등 직접 손끝에 의해 완성되는 전문분야, 그리고 재생 에너지 분야의 기술자들은 여전히 높은 수요를 갖고 있다.

PART 02
미적분에 생명을 맡기다

　미적분은 사물의 구조설계 및 최적화, 유체 흐름 분석 및 재료과학과 같은 엔지니어링 분야에서 널리 쓰인다. 특히 엔지니어링 측면에서 설계의 안전성, 효율성, 기능성 등을 확보하기 위해 활용한다. 따라서 이과대학 및 의과대학에 들어가기 위해서는 필수 과목으로 고등학교에서 기초를 다진다.

　의사는 그 무엇보다 우월적이고 권위와 자신의 금전적 이익만을 추구하는 영역에서 벗어나 인간의 건강과 안녕을 상당 부분 책임지고 있다.

　의사가 갖추어야 할 기본 소양은 생명윤리, 의료윤리, 환자와의 커뮤니케이션 등의 기량일 것이다. 이는 결코 학습으로만 형성되는 것이 아니라 사람이 간직하고 있는 기본적으로 타고난 성격과 성품 즉, 천성에서부터 시작된다.

　의사에게는 의학 연구를 하는 과학자의 길과 환자를 치료하는 치유자의 길이 있다. 치유자의 주요 역할은 각양각색의 환자를 이해하고 눈높이를 같이하는 것이다.

　상대의 심리를 이해하고 안정시키는 분야는 인문학적 분야인 문학이다. 자신의 이윤 추구를 위한 수리가 아닌 의사 본인이 일방적으로 할 말만 던지고 "다음 환자 들어오세요."로 끝나는 것이 아닙니다.

의사는 모두 성공한 사람일까!
사전적으로 '병이나 상처를 고쳐주는 기술 또는 의학에 관련된 기술을 갖은 사람'을 의사라고 말한다. 즉 의사는 병을 고치는 기술 즉, 의술醫術을 갖춘 사람이다. 심리적으로 도덕적 '윤리'의 기본 바탕에 의술을 갖춘 사람을 말한다. 의사가 되는 과정은 이렇다.
의료대학을 거쳐 의료대학원과정에서 전문 진료과목을 선정하게 된다. 이 과정은 전문지식과 연구능력을 배양하기 위한 과정이다.
그 외에 여러 프로그램을 통해 실제 의료 경험을 쌓게 된다. 이런 과정을 거치고 전문의 자격시험에 합격함으로써 비로소 의사 자격을 취득하게 된다.

여러 전문 진료과목이 있지만, 정형외과 의사의 예를 들어보면 기계적으로 절개하고 꿰매는 능력만 있으면 되는 것이 아니다. 절개하고 봉합하기까지는 팀워크가 매우 중요하다.
수술에 있어 마취는 필수지만 필요에 따라 내과, 신경과 등 다른 전문 의사들과 협력하여 치료하게 됨으로써 팀워크가 매우 중요하다. 따라서 의술 이외에 심리적인 팀워크와 협력의 기량이 필요하다. 이처럼 환자를 대하는 사람으로서의 기본 소양이 무엇인가를 말하고 있다. 이 또한 인문학적 분야의 영역이다.

☺ 인문학이 결핍되면 피폐해진다

분명한 것은 의사가 되기 위해서는 어느 직업보다도 인문학적 분야인 학문이나 지식이 충만하여야 한다. 그러나 의과대학 입시과정에서 이러한 과제는 크게 중요하게 바라보지 않는다.

우선 입시에 절대적 영향을 미치는 것은 미적분의 점수이다. 다시 말하면 수리영역에서 만점을 맞다시피 해야 의과대학에 들어갈 수 있다는 것은 불문의 사실이다.

그러다 보니 인성은 뒷전이고 미적분에 미칠 수 밖에 없다. 최근에는 초등학생 때부터 의과대학 입학을 위한 사설 입시학원을 개원하여 미적분에 미치도록 유도하는 학원들이 우후죽순처럼 생기고 있다.

우리나라 직업 중에서 가장 수입이 많은 직업군이 의사라니 그러할 만도 하다. 그러다 보니 아이들의 총명 · 적성, 좋아하고 · 싫어함은 따지지 않는다. 단순히 의과대학에 합격하는 것이 성공의 길로만 여겨진다. 그야말로 일류 중의 일류가 되었다고 생각한다.

의사가 되기 위한 열정이 우리를 협력보다는 이기적인 경쟁으로 몰아가고 있다. 따라서 성공을 위한 욕망에 다른 사람들을 짓밟고 협동심을 저버리게 된다. 이런 현실을 초등학교 시절부터 익히게 된다.

이로 인하여 심각한 것은 공부하는 인내심은 길렀을지 몰라도 성실, 진리, 그리고 도의 등과 같은 가치는 뒷전으로 밀리게 된다. 따라서 표면적으로만 이지적인 사람으로 포장되어 있지 않은가!

과연 이런 성장 과정을 거쳐 의사가 된 사람들은 직업에 만족해할까?

누구나 즐겁거나 소질이 있는 일을 할 때 보람을 가지게 되고 그 결과도 성공적일 것이다. 의사는 한때 미적분에 미쳤을지 몰라도 직업인으로써 미칠 정도로 즐거울까? 게다가 의술은 갖추었다 하더라도 의사의 기본 소양인 윤리의 덕목은 갖추고 있을까?

😊 지성인으로 대접 받기 위한 덕목은!

의대 교수하면 사회적으로 최고의 지성인으로 대접을 받는다. 그렇다면 과연 대접받을 지성을 갖추었을까? 통상적으로 의사는 의과대학에서 장래의 의사로 성장할 학생들을 교육하고 관련 업무를 연구하게 된다.

나아가 본연의 업무로서 일선 병원에서 환자를 진료하고 전공의에 대한 교육을 병행한다.

최근 언어적 괴롭힘을 넘어 신체적 폭행을 일삼는 의사가 있다고 하는데 과연 사회적 통념상 의사라는 직업윤리를 갖추었다고 그 누가 인정할 것인가.

사람의 생명과 인권을 중요시하는 곳에서 이런 상황이 병원, 의과대학교에서 일어나는 것을 과연 어떻게 해석해야 할까?

이러한 현상은 의술보다 더욱 중요한 인문학적 윤리가 결핍되어 나타나는 결과이다. 미적분을 잘 풀어서 의사가 되었다는 우월주의적인 사고에서 나타나는 결과일 것이다. 의사가 되기 위해서는 반드시 기본 윤리의식을 함양하기 위해 의예과를 거치게 되는데 과연 그곳에서 그들은 어떤 소양을 갖추는지 의심하지 않을 수 없다.

결국에 이러한 의사들은 면허는 취소되고 징역형을 받아 옥살이로 인하여 피폐한 삶으로 빠져들기도 한다. 이공계는 특정한 이론과 팩트(Fact) 즉, 사실 그 자체를 탐구하고 연구하는 것이다.

이처럼 반사회적 사고를 가지고 있는 의사들은 그것만으로 충족함을 느끼는 것은 아닐까 생각한다. 그러나 지적인 인간의 현실적 정신세계에서는 수없이 많이 존재하는 팩트를 추구함과 동시에 야망이라는 변수가 더해져 팩트만으로 부족하고 반드시 정신적 감성이 충족해야만 한다.

PART 03
재능은
돈 버는 도구인가!

　재능은 특정한 분야나 활동에서 뛰어난 능력이나 기질로서 돈을 버는 도구임에는 분명하다. 그러나 모든 재능이 기계와 같이 자동적으로 돈을 벌게 하는 것만은 아니다.
　매슬로우의 욕구 이론에 의하면 '인간은 생리적 욕망이 채워지면 그것에 머무르지 않고 마지막 단계인 자아실현을 위한 노력을 하게 된다'고 한다. 자칫 그 과정 중에 사회적 존경 욕구에 도달하면 욕망을 이루고자 협동보다는 그것을 충족시키기 위해 순수성과 진실성 등을 접어놓고 수단과 방법을 가리지 않는 폐단이 있다고 하였다.

　예를 하나 들어보고자 한다. 의사라는 라이선스는 프로페셔널로써 고도의 전문지식과 기술을 필요로 하는 법적 자격으로 제너럴리스트로서의 사회적 책임을 부여하고 있다.
　의사의 직업관은 분명 일류의 존귀한 생명을 향한 열정과 의술에 대한 욕망이어야 한다. 그러나 일부에서 단순하게 본인의 욕구 충족 위한 돈 버는 도구로 사용되는 것을 보면 안타깝다.

그 결과로써 그들은 시대적 현실을 받아들이지 못하고 용인하지 못하며, 그리고 의사라는 본분을 관리하지 못하고 사회적 존경 욕구에 빠져 경쟁으로만 바라본다.

우리는 이런 사람들을 외형상 학창시절 잠시 미적분에 미쳐있었을 뿐 진정한 의사로서의 직분에는 설 미친 사람이라 할 것이다.

😊 융합된 학문이 절실한 시대이다

공자는 "옛날에 자긍심이 강한 사람은 성품이 모가 나고 성급했지만, 요즘의 자긍심 강한 사람은 싸움질만 한다."고 말했다. 여기서 라이선스를 자긍심에, 싸움질은 돈 버는 경쟁에, 비유해보면 진정한 프로페셔널은 어떤 사고를 갖추어야 하는지는 우리 주변에서 일어나는 많은 사례를 통해 알 수 있다.

18세기 유럽에서는 '배워서 아는 것이 얼마나 많으냐'인 반면에 미국은 '얼마나 많이 가지고 있는 부자이냐'가 중요했다. 한때 우리나라도 이런 상황의 시절이 있었기에 전혀 어색하지 않다. 유럽인들이 황무지였던 아일랜드에 이민을 택했던 이유는 가난했기 때문에 배움보다는 삶에 대한 욕망을 좇아 일해야 했기 때문이다.

그러나 오늘의 글로벌사회에서는 첨단 정보기술, 의료, 교육 등 각종 분야의 전문기술이나 노동력이 필요한 프로젝트에 인재 유치와 국제교류가 활발하게 이루어지고 있다.

보통 우리는 자신의 선행과 정의를 실천하려는 데에는 인색한 이면에 타인의 행위에 대하여 잘잘못을 따지고, 좋고 나쁨을 구별하려는데 관심을 많이 둔다.

그렇다. 사회의 기본적인 공헌은 정의와 선의실천인 도덕의식과 양심이라고 생각한다. 진정한 프로페셔널은 인문학적 윤리 바탕 위에 엔지니어의 재능이 융합될 때 빛은 더욱 크게 발한다는 것이다.

오늘날은 과거 산업화시대에는 자연계와 인문계를 획일적으로 양분하여 추구해 왔으나 디지털시대에는 생활에서 요구하는 양태의 변화에 따라 직업관도 달라지고 있다.

즉, 프로페셔널로 특정한 분야의 깊은 전문성과 제너럴리스트로의 다양한 분야에 대한 전반적인 이해력과 융합력을 가져야 한다. 이들은 건전하고 지속 가능한 문화를 극대화 하려는 시대적 과제를 안고 있다.

PART 04
인생의 꼬임은
갈등 속에 있다

'갈등'이라는 단어 속에 갈葛은 칡을 의미하고, 등藤은 등나무를 일컫는 복합어이다. 칡덩굴과 등나무 덩굴처럼 서로 엉망으로 뒤엉켜서 풀기 어려운 상태를 가리켜 쓰는 말이다. 즉, 어떤 일이나 사정이 서로 복잡하게 뒤얽혀 화합하지 못함을 비유적으로 나타낸다.

정신 내부에서 각기 다른 방향의 힘이 충돌하는 상태로서, 정신분석의 근본 개념의 하나인 뿌리에서 뻗어난 덩굴이 서로 사생결단 엉켜있는 상태이다. 우리의 삶을 비유하여 '인생이 꼬인다.'라고 말한다.

이러한 현상은 일상의 생활에서 매 순간 일어난다. 세상의 변화 속도만큼이나 선택해야 하는 숨 막히는 환경 속에서 살아가면서 어느 하나를 '선택'하는데 갈등을 갖게 된다. 이는 좌우로 상반되는 현상이 동시에 존재하면서 어떤 행동을 할지 결정하는데 나타나는 정신적 작용이다. 칡이나 등나무와 같이 서로가 얽히어 성장하는 과정과 같이 인간의 기대 즉 희망이 크면 갈등도 한층 크게 나타나게 된다.

이는 '갈등'에 있어서 필연적 현상으로 성장을 위한 변화의 과정이다. 따라서 우리도 성장을 위한 변화와 혁신을 두려워해서는 안 된다. 이 갈등은 변화와 혁신 속에서 특히 두드러지게 나타날 수 밖에 없다.

이는 불편하고 어려운 상황을 초래할 수 있겠지만 그 속에서 우리는 새로운 가능성을 발견하고 더 나은 방향으로 찾아 나갈 수 있다.

갈등은 우리가 서로 다른 관점과 합의점을 찾을 수 있는 또 다른 기회를 제공한다. 이를 통해 더 나은 솔루션을 찾을 수 있고, 조직과 사회를 발전시키게 된다. 따라서 갈등에 의해 변화와 혁신이 이루어진다는 확신 속에서 이를 피하려고 하지 말고 잘 관리하는 노련함이 필요하다.

😊 오늘도 선택의 갈림길에 서 있다

우리의 일상에서는 크면 큰 대로 작으면 작은 대로 순간순간 적절하게 정신적 판단에 따라 행동하고 결정한다.

이처럼 하고 있거나 하려는 일에 있어서 "실패하지 않을 것이다." 라거나, 사람 간에 있어서 "당신을 신뢰한다."라는 신념에 기초하여 선택하게 될 것이다. 따라서 이들이 소유하고 있는 내면에는 부정과 긍정이 동시에 존재하기 때문에 갈등이 생기게 된다.

이러한 현상은 특정한 일과 특정한 사람 관계에서만 찾아오는 것은 아니다. 사소한 일일지라도 서로 바라보고 생각하며 추구하는 욕망은 다를 수 있다.

따라서 이 다름을 통하여 사람들 간에 일어나는 갈등 또한 무수히 많다. 이는 일상으로 치부됨으로써 밖으로 표출되지 않고 늘 잠재하고 있을 뿐이다. 따라서 이러한 일련의 일을 깊이 회상함으로써 얻은 희비가 엇갈리게 나타날 수 있다.

이럴 때 우리의 생각과 행동은 혼란으로 빠져들게 된다.

이러한 현상으로 인하여 우리가 원하지 않는 현상이 일어난다. 우리를 괴롭히는 하나의 씨앗이 움트기 시작하게 된다. 둘 중에서 하나를 선택하고 다른 하나를 버려야 하는 경우이다.

이때 버려진 것을 채택함으로써 얻을 수 있었던 이익을 다른 하나를 선택함으로써 놓치는 기회의 손실에 집착하기 시작하면 또 다른 갈등이 싹튼다.

특히 일상생활에서 선택의 갈등이 아니라 조직에서의 상호 관계에서 나타나는 갈등이 아주 무겁게 다가온다. 서로 주장하는 바가 다른 대화를 할 때도 어김없이 나타난다. 이럴 때 당신은 어떻게 관리하고 있는가!

상대방에게 당신의 생각을 일방적으로 설득하고자 할 때는 더욱 심하게 일어날 것이다. 이때 상대방의 관점을 먼저 이해하고 존중하면 신뢰와 이해를 통해 쉽게 해소될 것이다.

반면에 당신 스스로 안고 있는 갈등에 대한 최선의 해소방법은 최선의 하나를 선택하고 다른 일과의 충돌하지 않도록 하거나 근원적으로 침입하지 못하도록 하는 방법 중 유일한 방법은 그 일에 몰입하는 것이다.

즉, 그 무엇인가에 가지고 있는 신념을 쏟음으로써 갈등을 해소하게 된다.

PART 05
행복한 삶의 욕구가 요동치는가?

　무엇인가를 생각하고 궁리하는 힘 즉 사고력에 대하여 필자는 이렇게 말하고 싶다. "달빛에 내 그림자도 숨을 쉬고 있다." 즉 달 그림자도 내가 움직이면 움직인다. 또한, "대나무는 마디가 있어 싹쓸이 바람을 이겨내고, 인간은 생각이 유연하기에 생존한다." 이처럼 사고력은 창작의 근원이다.
　사고력은 상상력과 마찬가지로 역시 연습과 노력의 산물이다. 달빛 아래 고독히 서 있는 나의 그림자도 본체인 나의 움직임에 따라 움직인다. 따라서 내가 움직이지 않으면 그림자도 잠을 잔다.

　마음속에 있는 의식이 잠자지 않고 움직이도록 상상력을 가져야 한다. 달빛에 그려진 그림자는 자신의 행동에 의존한다. 물론 그림자를 만든 사람은 독립적인 본인이다.
　사고는 다른 사람으로부터 보호 또는 의존하지 않거나 간섭 또는 예속되지 않은 상황에서 사고력이 발휘된다. 역설적으로 누구에게 의존적이거나 종속적인 상황에서는 훌륭한 사고를 얻는 데는 한계가 있다.

일련의 이러한 상상의 사고를 통하여 산출된 결과를 '창작'이라고 한다. 즉 상상으로 초석을 놓고 여기에 사고과정을 거쳐 고도의 사상을 통하여 독창성에 이르게 된다.

어떻든 레오나르도 다빈치도 처음에는 무엇인가에 흥미를 갖다 보니 그것에 깨어 있었을 것이다. 그것을 바탕으로 늘 생각이 움직이는 인물화가로 시작하여 마침내 세상을 바꾸어 가는 새로운 인물로 등장하였다.

☻ 생각이 경직되어 있으면 죽은 목숨과 같다

각자 잠자고 있는 자신을 깨우기 위해 어떠한 자극에도 두려워하지 말아야 한다. 즐거운 일이라서 선택했다면 즐겁게, 재능이 있어서 선택했다면 최대한 재능을 발휘해서 그 일에 자연스럽게 미쳐버리는 것이다.

잠자고 있는 생각과 판단력뿐만 아니라 문제를 해결할 수 있는 능력 등을 배양하는 것이 중요하다. 그리고 일반적으로 무엇인가 착상할 수 있는 순발력과 새로운 아이디어를 상상할 수 있는 기질이 필요하다.

이를 통하여 늘 기발한 상상력을 갖춤으로써 새로운 것을 구현해 보려는 생동감 있는 욕구가 생기게 된다.

엘리너 루즈벨트는 "미래는 자신들의 꿈이 아름답다고 믿는 사람들의 것이다"라고 말했다. 강아지풀잎도 살아있을 때는 유연하게 보들보들하여 부러지지 않으나 마르면 뻣뻣하여 부러진다. 사람도 죽으면 뻣뻣하게 마디마디가 굳는다.

꿈만 원대하고 과거에 갇혀 독창적 생각을 하지 않고 굳어있다면 결코 살아 있는 것이 아니다. 따라서 미래의 행복한 삶을 보장받지 못한다.

당신도 이 순간 그 무엇인가를 이루고 싶은 욕구가 가슴에 꿈틀거리고 있다면 지금 머뭇거리지 말고 그 아름다운 꿈을 향해 도전하길 바란다.

2부
인재 속에서 인재를 찾는다

날개를 펴고 나는 것은 새의 몫이듯
누군가 당신을 깨워는 줄 수 있어도
일으켜 주지는 못한다.

「3분, 인생을 바꾸다」 중에서/야촌 이청원

우리에게는 외부의 도움에 의한 내면의 결단이 필요하다. 따라서 누구로부터 외부에서 주는 자극이나 동기부여를 받게 된다. 그로 인해서 변화와 성장을 인식하게 한다.
삶에서 중요한 변환점을 이루기 위해서는 결국 자신이 주도적으로 행동해야 한다. 누군가 당신을 깨워는 줄 수 있어도 일으키지는 못한다를 '他我醒不起(타아성불기)'로 표현할 수 있다. 지혜는 사람들의 도움이나 충고가 중요한 역할을 하지만, 삶의 변화를 일으키는 주체는 자기 자신이다.

PART 01
오늘도
냉혹한 평가를 받고 있다

모든 조직의 리더는 조직원을 냉혹하게 평가를 한다. 따라서 회사는 직원들을 평가하게 되고 직원들은 가감 없이 평가를 받게 된다.

이러한 현상은 이윤을 창출하는 기업과 같은 조직에서만 필요한 것이 아니라 각종 비영리단체를 비롯하여 공공기관 등 사회 곳곳의 조직에서도 도입되어 운영된다. 우리는 대학까지 학교생활을 하면서 인성과 지성을 갖추기 위해 다양한 학습평가를 받아왔다.

그 과정에서 사회의 일역이 되기 위한 자격증 및 커리어에 집중한다. 그리고 사회에 진출하기 위해 자신이 쌓아온 재능 또는 하고 싶은 일을 찾아 조직에 입사 지원을 한다.

그에 따라 합격하는 순간 자신은 능력을 인정받았다는 뜻이다. 여기서는 회사 중심으로 생각해 본다. 회사는 채용하는 순간에 모든 신입사원을 동등하게 바라보고 대우한다.

그러나 보직을 부여받는 시간부터 발휘하는 기질과 역량뿐만 아니라 상황이 달라지기 시작한다.

　회사 조직원들의 업무처리 역량 및 향후 재목으로 성장할 처세 등에 대하여 매섭게 평가한다. 위 관리자의 눈에는 직원들이 찻잔 속에 들어있는 물과 같다.

　본인이 아무리 다양한 모션(motion)을 취해도 위에서 내려 보면 가득 찼는지, 반쯤 찼는지, 아니면 빈 잔인지 알 수 있다. 어떤 직원이 냉수인데도 뜨거운 물이 가득 찬 것처럼 허세를 부리는지까지 파악한다.

　그러나 이 모든 것들은 옆에 동료나 특히 밑에 직원들은 정확하게 판단하지 못한다. 그러나 관리자의 눈에는 모두가 한눈에 들어온다. 이에 따라서 그 직원들의 등급이 매겨지는 것이다.

　정신분석학자 프로이트는 이렇게 말했다. "사람은 공격에는 저항할 수 있어도 칭찬에는 대부분 무력하다."라고. 사회의 조직에는 상하서열로 구성되어 리더가 존재한다.

　이와 같은 조직 안에서 아부는 훌륭한 처세술로 둔갑하기도 한다. 그러나 아부阿附만이 아닌 간언諫言도 있다. 여기서 아부와 간언을 구별할 줄 아는 리더십의 능력에 따라 조직의 발전과 퇴행의 갈림길이 존재한다.

😊 나는 지금 무슨 생각을 하고 있나!

　물이 가득 차 넘치기 직전인 상위 등급을 받는 직원들이 바로 조직을 끌고 간다. 그리고 대부분은 조직에 붙어있는 직원으로 컵에 물이 80% 미만 차 있다.
　그중에 어떤 직원은 빈 잔만 가지고 버티는 직원도 족히 20%가 정도가 있다. 이는 직원으로서 역할을 전혀 하지 못하고 도리어 끌고 가는 직원의 힘만 빼는 직원이다. 이런 직원 때문에 조직 입장에서는 골머리를 아파한다.

　조직의 성과는 팀워크로부터 구현되는 산물이라고 할 수 있다. 먼저 조직을 끌고 가는 직원은 입사 년차에 관계없이 창의력, 도전력, 추진력 등의 역량을 발휘해서 성과를 내는 직원들이 있다.
　즉 이들이 선두 그룹으로서 가장 잘나가는 팀을 끌고 가는 직원들이다. 이들은 늘 기존 관례적 방식을 벗어나 새로운 방식을 찾는 창의력이 좋을 뿐만 아니라 일에 대한 추진력을 갖고 있다.

　물론 이러한 직원은 그 일에 대한 열정에 의한 전문적인 지식이 탁월하게 함양되었기 때문에 조직의 핵심 일원으로서 역할을 한다.

없어서는 안 될 필수 직원들이다. 이러한 직원들은 시간을 쪼개어 업무처리를 할 뿐만 아니라, 일이 없으면 새로운 일을 만들거나 찾아서 하는 직원이다. 따라서 그들은 합당한 처우를 받는다.

다음은 붙어있는 직원들은 창의적이거나 도전적이지 않고 현실에 안주한다. 즉 일을 만들거나 찾아서 하지 않고 단순히 주어진 일 이외에는 눈길을 주지 않는다.

이들은 평균적 등급을 받은 직원들로 뚜렷한 실적도 없고 진취성이 약한 사람이다. 늘 생각이 관례적 방식을 벗어나지 못하고 조직이 추진하는 기본에만 충실히 하는 것에 만족한다.

이런 직원들은 출근과 퇴근 시간 만큼은 철저히 준수하려고 하지만 희생과 배려보다는 자기 자신의 가치를 중시한다. 즉 결단코 앞장서 새로운 창의력을 발휘하거나 이에 대한 추진을 두려워하는 직원들이다.

끝으로 버티고 있는 직원들은 주어진 일마저 줄이거나 피하려고 노력하는 사람. 주어진 일을 스스로 해결하지 못하고 주위 직원들에게 의존하는 사람, 이러한 사람들을 앞에서 끌고 가는 사람들의 힘을 빼기 위한 행위를 하는 사람들이다.

개괄적으로 이런 사람들은 일에 대한 불만, 윗사람에 대한 불만, 동료들에 대한 불만 등 주변 환경 모든 것들에 불평불만이 가득 차 있다. 물론 이들은 특별한 실적이 발생할 리 없을 뿐만 아니라 조직에 플러스로 작용하지 못하고 사실상 부담이 되는 사람들이다.

PART 02
우리 조직의 인재는 누구인가

 진정한 일등 인은 미래가 어떻게 변할 것인지를 예언하여 행동하는 사람이 아니라 변화를 주도하고 선두에 서서 행동하는 사람이라 할 것이다. 그렇다면 어디에나 존재하는 삼등 인들은 어떠할까?
 변화를 피하거나 변화의 필요성을 느끼지 못하거나 아니면 변화를 두려워하는 현실 안주형으로서 불평불만이 가득 차 있는 사람이다.
 그러나 변화를 추구하는 사람들은 발전을 추구한다. 유연한 사고를 갖고 있으며, 새로운 도전과 배움을 즐기고, 기존의 틀을 깨고 혁신을 도모하는 용기와 변화에 대한 긍정적인 태도를 갖춘 것이 특징이다. 이들은 어려움이 닥치면 반드시 변화가 일어난다는 것을 알고 있다. 따라서 이들은 삶의 이와 같은 상황을 직간접적으로 체험한 사람들로서 변화에 대한 참맛을 느껴보았을 것이다.

 갈망하면 모든 것이 변하게 되고, 이 변화가 일어나면 자연스럽게 알아가게 된다는 진리를 깨닫고 두려움보다는 부담 없이 받아들이고 앞서 행동으로 옮긴다.
 만일 스스로 변화하지 못하고 따라가는 것도 거부하거나 현실에 안주한다면 영원히 전망이 없다. 우리 사람들뿐만 아니라 기업도 스스로 변화하고 창조하는 정신과 문화를 익혀야 할 것이다.

☺ 자갈속에서 금을 찾는다!

그렇다면 이윤을 창출하는 기업뿐만 아니라 각종 비영리단체를 비롯한 공공기관 등 사회 곳곳의 조직은 안정을 통한 질적·양적 성장을 추구한다. 그중에 기업의 1차적 목표는 생존이고 다음은 성장이다.

그러기 위해서는 경쟁이 치열한 환경에서 자원을 최적화하고 효율적으로 운영하여 경쟁에서 이겨야 한다. 따라서 직원과 기업이라는 인격체가 일체감을 형성함으로써 목표를 달성할 수 있다.

해리드 S 지닌은 이를 위한 가장 중요한 정신은 "집중, 안목, 조직, 혁신과 의사소통이다."라고 말했다. 따라서 기업은 늘 이러한 사고를 갖추고 있는 직원을 찾고 있다.

필자는 국내 K그룹 회사에 신입사원으로 입사하여 30여 년간 몸담고 있으면서 경험하였다. 공개채용을 통해 동시에 입사한 직원들인데 2~3년 지나면서 기량의 차이가 뚜렷하게 나타나기 시작한다.

업무를 장악하고 끌고 가는 직원, 붙어있는 직원, 버티는 직원들이 있다는 것을 알았다. 그렇다고 이 붙어있거나 버티는 직원도 명문대 출신으로서 기본능력이 없거나 소위 스펙이 부족한 직원들은 아니다.

그들은 모두 입사 당시에 충분한 프로필을 갖고 있었으며, 또한 회사에서 필요한 인재로써 성장하여 회사에 충분하게 이바지할 것이라고 다양한 평가방법을 통하여 선발된 사람들이기 때문이다.

필자 역시 그랬을 것이다. 반면에 입사한 사람들도 그 업무에 충실하게 재능을 발휘하여 자신의 장래를 맡길 수 있다고 판단하여 입사하게 되었을 것이다.

☺ 나는 어떤 대접을 받고있나!

그러나 어느 순간부터 자신도 모르는 사이에 「**끌고 가는 직원, 붙어있는 직원, 버티는 직원**」으로 분류되기 시작한다. 그렇다면 이러한 원인은 누가 제공하고, 누가 이들을 분류하는지가 중요하다.

결론적으로 이러한 원인은 본인 스스로가 제공한다. 단순하게 관리자는 분류기준에 따른 집계만 할 뿐이다. 이 집계표가 바로 고가평가이고, 이 표가 바로 진급과 연결되며 그에 걸맞은 대접을 받게 되는 것이다.

그렇다면 이러한 결과는 조직원 간의 상호작용 및 각자 하는 일로부터 기인 된다. 좋은 고가평가를 받고 조직과의 일체감을 얻기 위해서는 일에 미쳐야 하는 이유가 여기에 있다.

　어째서 끌고 가는 직원으로 성장하고 있는지, 왜 붙어있는 직원으로 평가받고, 버티는 직원으로 낙인이 찍히는 요인이 어디에서 기인하는지에 대하여 크게 세 가지로 분류해 볼 수 있다.

　첫째, 자기의 목표인 자아실현은 물론 조직 또는 기업 가치를 찾지 못하고 방황하는 직원이다. 하는 일에 대한 목표는 차제 하더라도 그 일에 대한 목적을 갖고 자신만의 재능을 키우며, 조직에 기여하려는 열정과 노력이 부족하기 때문이다.

　둘째, 자신의 커리어(career)에 의존하거나 기회주의 사고를 간직하고 있는 직원이다. 유일한 명문대 출신이기에, 유일한 자격증을 갖고 있어서, 과거에 유일한 실적을 냈기 때문에, 나아가 윗사람과의 인맥 등에 의존하여 변화를 거부하거나 좀 어려운 일에 욕구를 느끼지 못한다.

　셋째, 능동적으로 문제를 해결하려는 생각보다 상대나 주위 환경을 먼저 탓하는 방어주의적 게으른 직원이다. 이런 직원은 일의 흥미는 물론 깊이 파고 들어가기보다는 얕잡아보거나 건성건성 보고, 주위 동료들과의 동질감을 피한다.

또는 자신은 그 일을 처리하는데 충분한 재능을 갖추고 있다고 믿거나 경험에 의존하여 현실에 안주한다. 이러한 현상은 조직에 대한 불만으로 싹트기 시작하여 결국에는 건전한 조직문화를 해치는 암적인 존재가 되기도 한다.

PART 03
끌고 가는
「꿀벌족」 직원에게 의존한다

　기업이나 조직에서 경쟁력을 높이기 위해 뛰어난 창의력에 의한 능력과 추진력을 가진 직원들을 중요하게 생각하고 그들의 역할에 의존한다.

　즉 효과적이고 지속적인 성장과 조직운영을 위해서는 유연한 지혜와 열정적인 직원들이 필수적이다. 따라서 결국 직장에서는 매일매일의 평가가 매년 취합되어 진다. 그 평가는 팀워크는 물론 주어진 업무에 미친 정도가 어느 정도인지에 대한 누적된 결과로 몸값이 이루어진다.

　어떤 직원은 수동적으로 학교에서 공부하듯이 받아쓰기에 길들여져 있는가 하면 그렇지도 못한 직원은 주어진 업무의 핵심조차 모르고 허둥댄다.

　대부분 이들은 회사와 일체감 즉 애사심을 어느 곳에서도 찾아 볼 수 없다. 마침내 이런 직원들은 현실에 안주하다가 자기합리화에 매몰되어 결국에는 붙어있는 직원, 버티는 직원으로 타락하게 된다.

　결국에는 상사로부터 우왕좌왕하는 직원으로 낙인이 찍히고 단순한 월급쟁이로 허송세월하다가 자의 또는 타의에 의해 짧은 직장생활을 마감하게 된다.

 필자도 한때 누구보다 큰 애사심을 갖고 주어진 일에 흥미를 찾아 열정을 다해 미치려고 노력했다. 하위 직원일 때는 팀원으로서 중간 경영자일 때는 임원으로서 한 시대에 선두에서 열심히 '끌고 가는 사람'인지 늘 나에 대한 스스로 평가해 보았다.
 평가할 때마다 항상 부족한 아쉬움을 내리게 되었다. 평가방법은 거창한 것이 아니라 올해는 물론 내년과 내후년까지 완성할 목표를 세우고 달성 여부에 따라 평가하였다.

 따라서 필자는 이와 같은 평가방법을 통하여 조직을 열심히 끌고 가는 사람이라고 긍정적으로 생각할 뿐만 아니라 혹시 다른 부분을 게을리해서 붙어있거나 버티고 있는 건 아닌지 나를 돌아보는 지혜를 얻기도 하였다. 꼭 이런 방법이 옳다고만 생각하는 것은 아니다. 사람마다 자기계발을 하는 방법은 다양하기 때문이다.

☺ 오늘도 선택의 갈림길에 서 있다

 그러나 분명한 것은 목적에 따른 전략 없이 최선을 다하는 것만으로는 부족하다. 왜냐면 누구나 자기 나름대로 최선을 다한다고 하기 때문이다. 그것만으로는 차별화된 경쟁력을 갖출 수 없다. 이것이 바로 주어진 일에 어설프게 미쳐서 붙어있는 직원이 될 수 있다.

따라서 직원의 경쟁력이 회사의 경쟁이기에 회사는 생존을 위하여 이와 같은 창의력에 의한 능력과 추진력을 갖고 일에 미친 사람을 필요로 하고 물론 회사는 그에 걸맞는 대접을 해 주게 된다.
우리는 직장생활을 하면서 귀가 따갑도록 변화와 혁신에 관한 이야기한다. 직원들 대부분은 마치 이를 강요당하듯이 받아들인다.
그러나 끌고 가는 직원들은 이와 같은 변화와 혁신이라는 화두가 전혀 어색하지 않고 즐긴다. 이미 이들은 창의적 능력과 추진력을 갖추고 선행하여 주도하고 있기에 부담 없이 즐긴다.

당신 마음에 변화와 혁신이라는 어휘가 현재 부담으로 자리 잡는지 아니면 친근하게 느껴져서 즐기고 있는지 생각해 보아라. 이를 통하여 당신은 지금 끌고 가는 직원인지 아니면 붙어있거나 버티는 직원인지를 분별할 수 있다.

PART 04
왜 당신은 「매미족」 직원으로 불리나

매미는 기구한 삶을 산다. 몸 바쳐 2~3주 울음소리로 무더운 계절임을 알려주고 세상을 떠난다. 유충 즉 애벌레를 거쳐 세상 밖으로 나오기까지 약 6년 2개월이 걸리듯이 우리는 사회에 나오기까지 보통 20여 년 이상 많은 학문과 다양한 스펙을 쌓고 조심스레 사회에 빛을 보기 위해 발을 내딛게 된다.

우리의 삶이 매미의 인생과 같지 않은가! 매미는 땅속에서 세상 밖으로 나와 껍질을 벗고 약 3~4주 동안 번식 활동을 한 후 죽어간다. 우리도 사회에 발을 딛고 보통 5~60년간 사회생활을 하게된다.

인간의 삶과 매미의 삶은 주어진 물리적인 시간의 차이가 있을 뿐이다. 매미의 짧은 3~4주 일대기의 삶은 마냥 나뭇가지에 딱 달라붙어서 주위를 의식하지 않고 구애를 위한 목청만 높여 외쳐대는 것 외에는 아무 짓도 안 한다.

매미의 삶의 목적은 종족 번식 이외에는 특별한 것이 없어서 짝짓기가 끝나는 순간 죽음의 길로 간다. 그렇다고 모든 매미가 짝짓기에 성공하는 것은 아니다. 그렇다면 우리 인간의 삶의 목적은 종족번영에만 있는 것이 아니다. 사회 역군으로서 각자 다채로운 환경 속에서 행복한 삶을 추구한다.

☻ 나의 몸값은 얼마나 되나

　과연 당신은 사회에 나오기까지 20여 년의 발판 위에서 5~60년 이상의 행복한 삶을 이루기 위해 충실하게 발버둥 치고 있는가! 아니면 매미의 인생과 같이 어느 곳에 딱 달라붙어 당신의 야욕을 충족시켜 줄 누군가가 찾아오길 애걸복걸하고 기다리고 있지 않은가!
　결론은 직장에 월급 받기 위한 목적으로 매미의 일대기와 같이 찰싹 붙어있다면 그 수명은 매미 수명과 같이 짧을 것이다.

　당신의 급여는 노동의 대가이기 때문에 중요한 것은 당연하다. 노동의 대가는 창출된 산물의 결과에 대한 몸값으로 산출된다.
　몸값은 창출된 산물에 국한하는 것이 아니라 당신의 창의적 사고에 의한 행동이 사회의 변화에 얼마만큼 공헌하고 있는지가 더욱 중요하다.

　기업이 이익을 창출하고 창출된 이익을 분배하는 것이 사회경제 시스템이다. 이러한 방식으로 이익을 직원에게 분배하는 것은 기업의 지속 가능한 성장과 사회적 책임을 고려한 중요한 요소 중 하나이다.

따라서 성과급제도를 도입하여 직원들의 성과에 따라 지급되는 보상을 달리하기도 한다. 성과급은 성과 중심, 동기부여, 목표설정, 유연성 등에 다양한 형태에 의해 정해지며 효과적인 성과관리와 직원의 노력에 대한 보상을 제공한다. 조직의 성과 향상을 도모시키는 수단이 되는 것이다.

이는 기업에 이윤이 발생하였거나 미래의 비전을 위하여 행하는 일이다. 그러나 만약 지속적인 적자가 발생하는 환경에서도 가능할까에 대한 의문을 갖게 된다.

☻ 조직이 나를 야박하게 대하는가!

만약 당신이 고가평가에서 「6~70% 그룹에 속해 있다면 붙어있는 직원이고, 하위 10~20% 내에 있다면 버티는 직원」이다. 특히 버티는 직원은 말할 나위 없고, 붙어있는 직원은 회사의 이윤 창출에 크게 도움을 주지 못한다고 보는 것이 맞다.

그렇다면 당신이 어떤 그룹에 속해 있는지 몇 가지를 통해 재조명해 볼 필요가 있다.

당신의 책임과 역할에서 어떤 부분이 미흡한지, 팀워크에서 상사나 동료들과의 소통방법에 문제가 없는지, 미래를 향한 기술이나 역량에 따른 자기계발에 충실한지, 명확 목표설정과 실행방법을 갖추고 있는지, 자신의 감정과 약점을 이해하고 피드백을 통해 발전할 수 있는 지를 체크해 보아라.

　회사는 보직 및 업무변경을 통하여 한두 번 정도는 기회를 준다. 만약 당신이 그 기회마저도 포착하지 못하고 과거의 관습에 갇혀있다면 영원히 붙어있는 직원으로 남아 있게 될 것이다.

　회사는 당신이 사고가 멈춰 있는 것에 대한 질책은 있을지언정 창의적인 도전에 의한 실수와 실패 등에 대하여 탓하지 않는다. 따라서 평생 당신은 회사업무를 수행하면서 실수와 실패 등의 경험을 통하여 나날이 발전되어 간다는 것을 잊어서는 안 된다.

　당신이 회사를 돈을 받으면서 재능을 육성시켜주는 교육장이라고 생각해 본다면 창의적인 도전을 하는데 망설임이 없을 것이다. 결단코 최소한 할 수 있는 정도만 이바지해야 한다든가 받는 만큼만 해야겠다는 보수적 생각은 당신을 게으르게 만들고, 진취적 사고를 가로막는 장애물로 작용한다.

　회사는 창의적, 도전적이지 못한 직원에게 중책을 맡기지 않고, 급변하는 환경에서 혁신과 문제해결 능력이 필요하기에 적극성과 도덕성을 갖지 못하면 성장할 계기나 주요 업무를 부여받을 수 없다.

　고가평가에서 「매미족」과 같이 붙어있는 직원으로 평가받았다면 지금 즉시 다음 행동을 개시하라. 그렇지 않고 현실에 만족하고 있다면 당신도 버티는 직원으로 추락할 위험성이 높다.

　따라서 「매미족」에 속하지 않기 위해서 주위 동료나 상관은 동반자이자 경쟁의 대상이라고 생각하는 것은 또한 회사의 문화와 팀워크를 깨는 문제가 될 수 있음을 명심해야 한다. 다만 아래에 언급한 사항에 집중해 보아라.

첫째, 업무에 대한 책임감으로 주도성을 가지고 주위의 눈치를 보지 말고, 자발적으로 일을 찾고 수행하는 능력을 길러라.

둘째, 문제를 피하지 말고 새로운 아이디어와 해결책을 제시하라. 창의적이고 혁신적인 아이디어를 과감하게 제시하며, 도전적으로 과제에 접근하라.

셋째, 새로운 지식과 기술을 습득하며, 자기계발에 게을리하지 말고 학습과 성장에 대한 강한 의지를 가져라.

넷째, 부정은 금물이다. 불확실한 상황에서도 도전에 대한 용기를 내어 언제든지 수용할 수 있는 자세를 가져라.

PART 05
어쩌다
「기생족」 직원이 되었나

기생은 공생과는 확연히 다르다. 기생은 어딘가에 붙어서 자기가 필요한 양분만을 빨아 먹어 상대를 피폐하게 만들어 가며 살아간다.

반면에 공생은 소속된 조직원으로 조직의 목표에 부응하여 업무를 수행하면서 지속 가능한 성장을 이룬다. 인체에만 기생이 존재하는 것이 아니고 회사 및 조직에도 기생이 존재한다. 기생은 본체가 살아가는데 해악을 주는 인자로서 제거의 대상이 된다.

세상의 변화 속도에 따라 발전하듯이 기업의 경쟁력은 변화의 속도에 달려있다. 기업 간 경쟁은 조직원들의 새로운 생각과 탐험을 통해 이루어진다. 따라서 변화의 결과는 기업의 독점물이 아니라 조직원들의 산물이자 성장의 출발점이 된다.

조직은 구성원의 역량에 달려있듯이 기업도 직원들 간의 상호작용 즉 존중과 협력에 의한 시너지를 냄으로써 존립한다.

바로 이것이 기업문화의 기반으로 집단 목표에 의존하기 때문에 이들이 효율적 조화를 이룰 때 가장 큰 성과를 거둘 수 있다.

기업문화와 리더십은 팀장 및 경영자가 독점하는 영역이 아니라 신입사원을 포함한 모든 구성원에게 매우 중요한 상호작용의 요소이다. 즉 조직을 끌고 가는 것은 결코 팀장이나 경영자가 아니라 각자의 조직원들 간의 효율적 조화이다.

특히 회사에서 조직관리를 하다 보면 자신의 이익만을 생각하며 팀의 목표나 동료들의 발전에 공헌하지 못하는 사람을 발견하게 된다. 이에 따라 고가평가표를 해보면 자연스럽게 조직을 끌고 가는 직원, 붙어있는 직원, 버티는 직원들로 분류할 수 있다.

☻ 절대 조직문화를 깨지말자

조직의 구성원으로서 상호작용에 부응하지 못하면 「버티는 직원」 즉, **「기생족」**이 되는 것이다. 이는 조직의 업무 즉 고가평가에 따라 **「하위 10~20% 내에 있다면 버티는 직원」**으로 특별하게 관리할 대상이 된다.

우리 인간에게 등급을 매길 수는 없지만 일을 바라보는 사고에 대하여 등급을 매긴다면 일등인은 상황이 변하면 선두에 서거나 자신이 먼저 변한다. 그러나 삼등인은 남들이 변한 다음에도 꼼짝하지 않고 부동자세에서 불평만 가득 차 있다.

이러한 직원들은 분명하게 회사나 조직에서 앞서 「끌고 가는 직원」에게 무거운 짐이 되거나 성과 창출의 저해요인이 된다. 이들은 조직성과를 내기 위한 응집력을 떨어트려 시너지를 내는데 방해만 된다. 이뿐만 아니라 구성원들 간 조화를 이루어 협력을 촉진하지 못하고 회사와 자신과는 별개의 관계로 정의하여 일정한 선을 긋는다. 또한 '오너십(ownership)'을 상실하여 자기중심적이며 강한 행동을 한다. 편향 중심적 사고로 이어져 좋은 기업문화를 해치기까지 한다.

☺ 조직문화는 누가 만드나

기업문화는 오롯이 경영자의 일방적 의지로 인해서 형성되는 것이 아니다. 진정한 기업문화는 지속 가능한 성공을 위하여 상호 흥미롭게 일하고 성장할 수 있는 환경을 조성하는 것으로 직원들이 자발적으로 구축해 나가는 것이다.

즉, 먼저 모든 직원에게 긍정적 영향으로 작용하여 조직 내 상호존중과 협력을 증진 시키는 문화를 형성한다. 바로 이것이 좋은 기업문화라고 할 것이다. 그러나 버티는 직원은 이러한 문화를 구축하는데 중심에 서 있는 것이 아니라 방관자 또는 반기를 드는 영역에서 움직인다.

기업의 생존경쟁은 조직원들의 창의적 사고에 의한 실행을 요구받는 급변하는 글로벌사회이다. 이를 충족시키기 위해서는 두려움이 아닌 도전의식이 필요하다.

그런데 「**기생족**」 직원들은 이를 능동적으로 수렴하려는 생각보다 부정적 관점에서 강요 내지 지배당한다는 생각에 받아들이지 못하고 회피한다. 이러한 성향을 갖추고 있는 직원은 자기 선에서 머무르는 것이 아니라 전염병처럼 조직문화에 침투되어 동료들의 사기를 떨어트리거나 허리춤을 잡는 역할을 하기도 한다.

산업화시대를 맞아 혁신에 의한 경쟁을 통해서 오늘에 이르렀다. 현재는 물론 앞으로 급변하는 경제와 기술시대에 기업이 성공적으로 성장하려면 치열한 혁신은 선택이 아니라 필수조건이다.

다가올 미래의 동향에 대비하여 새로운 아이디어와 기술을 도입해야 하기에 생각의 유연성을 통한 혁신이 필요하다. 그러기 위해서는 제품이나 서비스의 변경이 아니라 조직문화의 혁신이 우선시 되어야 한다.

왜냐하면 제품이나 서비스도 결국은 조직원들의 사고영역 속에 있기 때문이다. 따라서 조직원들의 창의적이고 유연한 조직문화로부터 혁신적인 아이디어가 나오고 정착시킬 수 있기 때문이다. 혁신은 행동이 먼저가 아니라 유연한 창의적 사고를 갖는 것이 바로 혁신의 시작단계이다. 몸의 행동 즉, 실행은 생각하고 있는 방향으로 움직이기 때문이다.

😊 단순한 월급쟁의 사고를 버리자

그런데 버티는 직원은 조직문화에 젖어 들지 못하고 끌려가는 자체가 몸에 배어 현실에 만족하기 때문에 심리적 반발이 크다.

하나서부터 열까지 이들은 끌고 가는 직원에 대하여 불만투성이라서 회사나 팀의 성과에는 전혀 보탬이 안되고, 오히려 끌고 가는 직원들의 급여를 빼앗아가거나 직원들 간의 상호작용 즉, 존중과 협력을 방해하는 「기생족」이라고 할 수 있다. 이런 직원들은 아래와 같은 다양한 이유의 특성요인이 있다.

첫째, 조직목표는 자기 것이 아니라 팀이나 조직의 것이라고 규정 짓고, 목표에 부합하지 않는 방향으로 행동하거나 다른 조직원의 의견을 수용하지 않는 비협조적인 심리적 사고를 가지고 있다.

둘째, 새로운 아이디어나 접근방식에 있어 개방적이지 않고 자기주장을 강하게 표출시켜 협업과 혁신을 저해하는 고집이 센 사람이다.

셋째, 문제가 발생하면 해결하려는 의지보다 눈을 감고 회피하거나 행동으로 옮기지 않고, 조직원의 성과에 편승하거나 갈취하려고 한다.

 넷째, 항상 부정적인 시각에서 문제를 대하거나, 정보를 공유하고 의견을 나누는데 박하여 혼자만의 고립된 사고에 몰입되어 있다.

 끌고 가고, 버티는 직원들의 성향은 모든 사고가 역방향으로 작용한다. 끌고 가는 직원은 입사 년차에 관계없이 역발상에 의한 혁신을 두려워하지 않고 최대의 역량을 발휘해서 성과를 돌출시킨다.
 반면에 버티는 직원은 늘 기존 관습적 방식과 현실에서 벗어나려 하지 않는다. 이들의 차이는 크게 세 가지로 성향으로 나누어 볼 수 있다.

 첫째, 일이 없으면 일을 만들거나 찾는 직원과 주어진 일마저 줄이거나 피하려고 노력하는 직원
 둘째, 새로운 방식을 찾는 창의력과 도전적 추진력을 가지고 있는 직원과 자신의 커리어에 의존하여 현실에 안주하는 직원
 셋째, 주어진 일에 대한 성과를 드러내는 직원과 주어진 업무마저 스스로 해결하지 못하고 주위 직원들에게 의존하는 직원이다.

당신이 직장인으로서 변화와 혁신이라는 어휘에 울렁증을 느끼는지 아니면 설렘을 갖는지 확인해 보아라.

만약에 울렁증이 나타나면 당신은 하는 일에 미치지 못하고 유연고 창의적인 사고를 회피하는 것이다. 이는 현시대 발전에 편승하기를 거부함으로써 당장은 잠시 붙어있거나 버틸 수는 있어도 결코 멀리 가지는 못할 것이다.

당신이 가는 길에 함정을 파놓고 그 앞에 멈추어 서 있기 때문이다. 그러나 분명한 것은 당신도 유능한 달란트를 갖고 조직의 일원으로 시작하였음을 되새기고 하루빨리 당신의 기량을 표출시켜라. 변화와 혁신의 소리가 가슴을 울려 설렘으로 요동치는 직장인으로 발돋움하길 바란다.

PART 06
「왜?」가 인생을 바꾼다

　우리나라 산업혁명의 주역 중 한 사람이 현대창업주 고 정주영 회장이다. 이의 말이다. 현대창업주 고 정주영회장은 "사람은 요령 있게 게으름 피우고 싶고, 요령 있게 즐기고 싶고, 요령 있게 편하고 싶어 한다."고 말했다.
　요령이라는 마법에 빠져 귀중한 것 다 놓치는 어리석은 사람이 되어서는 안 된다. 요령은 부정적 이미지를 갖고 있다. 항상 일을 대할 때는 「왜?」를 부정의 의미로 쓰지 말고 의문의 뜻으로 사용해야 한다. 항상 의문을 가지고 있어야만 발전할 수 있는 과제를 찾아낼 수 있다.

　따라서 자기 발전을 위해서는 무심코 하는 행위가 아니라 의미를 부여하면서 작은 호기심과 불편함을 느끼는 순간을 잘 포착해야만 한다.
　또는 호기심과 불편한 사항을 추진 노트에 글이나 그림으로 정리해 두었다가 유연한 상상력을 갖추고 정正의 요인과 부否의 요인을 하나씩 풀어서 점점 구체화 시킴으로써 보다 효율적이고 훌륭하게 일을 성공시킬 수 있다.

현대그룹의 신화를 이룬 고 정주영 회장은 "직장은 월급 때문에 다니는 곳이 아니고 자신의 발전 때문에 다녀야 한다."는 말과 "내가 행복감을 느끼면서 살 수 있는 것은 이 세상을 아름답고 밝게, 희망적으로, 긍정적으로 보기 때문이다."라고 말했다

이는 자기 발전을 위하여 긍정적 사고 속에서 매사에 최선을 다하자는 의미가 함축되어 있다.

"부정은 부정을 낳고 긍정은 긍정을 낳는다."는 말이 있다. 심리적으로 "어렵다 또는 힘들다. 안 된다."라는 심리적인 작용으로 부정적 사고나 행동으로 나타난다는 경고와 교훈을 주는 말이다.

또는 "불가능하다." 등 어휘의 속성은 다소 강도의 차이는 있으나 기본적으로 모두 부정적 의미가 내포되어 있어서 포기로 유인하게 된다.

반면에 **된다 또는 가능하다.**" 등은 긍정적 의미가 있음으로써 동기에 따라 강한 도전의 의지가 내포되어 있다.

😊 생각에 따라 결과는 달라진다

　부정 또는 긍정의 생각은 자신이 하는 일에 직접적인 영향을 미치는 것이 당연하다. 나아가 직장 등과 같은 조직에서는 상대방 또는 제3자에게도 영향을 미치게 된다.

　긍정적 사고를 갖고 추진한다고 해서 모든 과정이 순탄하고 성공할 수만은 없다. 물론 추진과정 중에 크고 작은 실패는 있을 수 있다.

　첫째는 실패에 따른 관련 부문에 대한 학습효과와 지식을 얻게 되고, 둘째는 비록 계획한 목표에 도달하지 못했더라도 하위의 성과물을 획득하며, 셋째는 연계 기술 분야에 이용능력을 획득하는 등의 긍정적 결과물을 얻게 된다. 필자는 "고비가 있어야 산이고, 산은 넘어야 할 고비다."라고 생각한다.

　일상에서 일어나는 실수나 실패를 두려워하지 마라. 누구나 크고 작은 실수와 실패를 거듭하게 된다. 자칫 실패로 인하여 움츠리거나 두려워하면 새로운 것에 도전할 수 없게 된다.

　따라서 이러한 결과물을 얻기 위해서는 무엇보다 다음과 같은 마음가짐이 필요하다.

　첫째, 긍정적인 사고 속에서 "할 수 있다."는 굳은 의지와 신념이다.

둘째, 고정관념을 버리고 실제로 경험하지 않은 현상이나 일에 대하여 마음속으로 그려 보는 풍부한 상상력이다.
셋째, 특정한 규칙적인 행동에 얽매이지 말고 비규칙적 행동에 의한 논리 속에서 역발상을 통한 색다른 시각이다.
넷째, 일에 있어서 다소 어렵거나 곤란한 현상이 발생하더라도 결단코 포기하지 말고 끈기로 한발 앞서 가라.

인간의 기본적인 자아를 찾아 사회의 인원으로서 소외되지 않고 융화되어 공존하는 삶의 속에서 기생이 아닌 공헌하는 길을 생각해 보자.

"부정적인 사고는 마치 어두운 구름이 삶의 맑은 하늘을 가려, 우리의 긍정적 가능성을 흐린다."는 말이 있다.
일반적으로 기생하는 직원들은 자기 평가 기준에 따라 자만에 차 있든지 아니면 경직적 사고에서 장막을 치고 고립무원으로 자신을 이끌어 간다. 따라서 일에 대한 불만은 물론 주변 환경의 모든 것에 불평불만이 가득 차 있다. 이런 사람이 되지 말자.

Chapter 3

1부 멈춰 있는 사람에게 필요한 처방은?
2부 속담에서 답을 찾자

1부
멈춰 있는 사람에게 필요한 처방은?

고비가 있어야 산이고,
산은 넘어야 할 고비이다.

「3분, 인생을 바꾸다」 중에서/야촌 이청원

누구나 어렵고 힘든 과정은 피하려고 한다. 그러나 어려움과 고난을 극복해야 성취가 있고, 그 과정의 삶의 의미를 형성한다.
이는 어려운 상황을 이겨내고 극복하는 과정이 성장과 발전의 기회가 되며, 그것이 삶의 가치를 창출하는 중요한 요소가 된다는 뜻을 비유한 말이다.

PART 01
잠자리를
박차고 일어나라

　생산 활동을 보장하는 경제 체제에서 생산 수단을 자본으로 소유한 자본가는 이윤획득을 위해 모든 물건에 대하여 스스로 값을 매기지만 시장에서는 질에 따라 다양하게 값이 결정된다. 즉, 상품으로서 재화와 서비스의 거래가 이루어지는 것이다.
　이와 같은 현상은 우리에게도 어김없이 품삯, 급여 등과 같은 명목으로 소위 몸값이 설정된다. 우리가 물건을 살 때와 팔 때는 서로가 생각하는 관점이 다르다. 그러나 결정되는 값은 사는 사람의 맘에 있는 것도 아니고, 파는 사람의 요구에 따라서 결정되는 것만이 아니라 결국에는 상품 간의 상대성에 의해 결정되는 것과 같다.

　따라서 몸값이 결정되는 것은 주어진 업무처리 능력 및 각종 역량에 따라 결정되어 진다. 처리능력 및 역량의 결정적인 기준점의 핵심은 수동적으로 일하는가 아니면 독창적인 생각을 가지고 능동적으로 수행하는가에 달려있다.
　그러기 위해서는 잠자리를 박차고 일어나야 한다. 당신의 현재 몸값이 얼마라고 생각하는가! 혹시 최고가라고 생각하고 있지 않는가! 꽃은 어느 정도 피었을 때 가장 비싸게 팔릴까?

잠에서 깨어나기 위해 천재가 가지고 있는 독특한 사고방식을 철저히 배워야 할 필요가 있다. 그들은 일을 수행하는 방식이 다른 사람과는 다르다. 독특한 사고를 갖고 접근한다. 그러한 기질이 결국 천재로 육성되어 진다.

독특한 사고의 대표적인 사람 중 하나로써 레오나르도 다빈치를 빼놓을 수 없다. 그가 화가인 예술가로의 족적보다 과학자인 발명가로서의 업적이 크다. 그가 무엇을 발명하였는가가 중요하지 않다.
그를 정확히 알기 위해서 어떻게 창의적 발상을 통한 연구를 했고, 끈기 있게 지구력으로 산물을 구현시켰는지에 주목해야 한다.
그가 사고력과 상상력을 어떻게 분출시키는지에 초점을 맞추어 생각해 봐야 한다. 결론적으로 능동적인 생각으로 일을 즐겼으며, 따라서 그 일에 미침으로써 무한한 상상력이 치솟았던 것이다.

잠자는 사람은 희망만을 간직하고 있을 뿐 그 무엇도 구현해 내지 못한다. 상상은 인간의 마음속에 있는 의식을 갖고 현존하는 것을 바꾸거나 서로 결합하여 새로운 것을 창출해 내는 과정이다.
창의적 상상력이란 특정인에 국한된 소유물이 아니고 모든 사람이 가지고 있는 재능이다. 즉 각사 소유하고 있는 달란트이다.
당신도 이와 같은 상상력을 태어날 때부터 풍부하게 가지고 있다. 당신이 '어떻게' 라는 어휘를 구사하는 순간부터 상상력을 가지고 있음을 확인할 수 있다.

미지의 상상으로 이끌어 가고 그 안에서 얻은 산물이 곧 값진 창작물이다. 그 환경으로 이끌어 가는 지점이 바로 미쳐가는 첫 번째 계단에 서 있는 것이다. 이는 우리가 살아가고 있는 현실 속에서 상상의 사고를 쌓음으로써 고층에 오를 수 있는 수단이다.

PART 02
당신의
행복지표는 무엇인가

    우리는 행복하기를 원한다. 따라서 자신이 하고자 하는 일이 성공할 때 곧 행복을 느낀다. 그렇다면 이에 대한 기준은 유일하게 돈과 사회적 지위 아니면 권력일까! 그 밖에 다른 형태의 성공 평가 지표는 없을까?
    그렇다면 그 심리적 지표는 어느 지점일까? 돈과 권력이 행복의 기준점이라면 그것을 갖기 위해 우리는 어떻게 해야 할까?

    돈은 우리가 살아가는데 기본 요소이다. 의식주에 필요한 것을 충족시키기 위한 필수 요소 중 하나가 돈이기 때문에 풍부하기를 원한다. 이는 노동행위의 대가로 받는 교환재이다. 노동행위에 있어서 대가의 차이는 크다.
    따라서 값이 같다면 큰 대가의 일을 추구한다. 그래서 우리는 그 일을 찾기 위해 성장 과정에서 다양한 학습을 한다. 성공의 대가는 결국 돈으로 산출된다는 것을 불변의 진리처럼 믿고 있기 때문이다.

그렇다. 성공하기 위해서는 의욕만 앞서서는 안된다. 몸소 실행으로 옮겨 얻은 순수한 외적인 결과물이다. 내적인 정신적 영역의 행복 및 만족감은 다른 영역이다.

이는 결과물을 얻기 위해 찾아가는 과정에서 나타나는 것으로 매우 중요하다. 돈의 속성은 교환재로서 삶은 기준을 다양하게 나누는 것이 분명하다. 그렇다고 해서 사람의 다양한 갈증까지 해결해 주는 만능의 도구는 아니다.

즉, 돈은 풍요와 안락함을 얻는 도구이기는 하나 추상적 또는 정신적인 것들에 대한 행복감은 돈으로 등치할 수 없는 영역이다.

☻ 성공에 의한 행복의 기준점은!

성공의 기준을 유일하게 돈과 사회적 지위 또는 권력이라고 단정하지 않고 안락과 행복으로 정한다면 우리 삶의 기준과 태도는 어떻게 달라질까! 성공은 정점에 있는 것이라서 찾아가는 과정은 멀고 험하다. 성공이라는 정상은 깔딱고개를 지나야 그 위에서 기다리고 있다. 성공의 결과물에는 최대의 성취감이 있다. 그러나 성공을 찾아가는 과정에서의 느끼는 희열 또한 무시할 수 없다.

인간 삶의 기본은 행복하게 살고, 일을 통해 성취를 찾아가는데 보람과 의미가 있다. 따라서 일을 통한 노동의 대가 없이 절대로 행복을 느낄 수는 없다.

기본적인 일의 야망 속에서 자신의 능력을 발휘하여 성취감을 가지고 발전함으로써 사회의 일원이 되는 것이다. 멀고 험하지만 돈이든, 지위든 자신이 간직하고 있는 달란트에 따라 목표를 명확히 설정하고 그 일에 흥미를 찾음으로써 삶의 야욕이 충족되는 기쁨을 배가倍加시킬 수 있게 된다. 과연 당신은 그러한가?

그렇지 않다면 하고 싶은 일 또는 잠재적 달란트가 무엇인가를 찾아 그 일에 미치도록 즐겨봐야겠다는 충동을 일으켜라.

앙리루소는 40세까지 세무공무원으로 열심히 일하던 사람이었다. 그러던 그는 화가가 되겠다는 충동감에 직업화가로 나섰다. 그러나 명성을 얻기까지는 생각대로 녹녹하지 않았다.

화폭에 인간의 내면세계를 표현 표피적인 감정 밑에 숨어있는 깊은 진실 즉 내면세계를 표현하는 일은 쉽지 않았다. 10여 년이라는 세월 속에 즐김으로써 본인도 모르는 사이에 그림에 미치고 말았다. 마침내 최고의 화가라는 명성을 얻었다.

그는 첫째, 하고 싶었던 일을 제대로 찾았고, 둘째는 그림에 대한 달란트가 있었기 때문이었으며, 끝으로 인내심을 갖고 집착단계를 넘어 미쳐있었기에 성공하였다.

따라서 그는 끊임없이 재능이 발전하고 있음에 자기 만족감을 충분히 누렸기에 행복했을 것이다.

PART 03
바람개비와 같이 행동하라

 어떤 일을 하고 싶어 하거나 관심을 가지면 어떻게 주도할 것인가를 찾아야 한다. 즉 일을 처리하는 판단능력이 필요하다. 데일 카네기는 "바람이 불지 않을 때 바람개비를 돌리는 방법은 앞으로 달려나가는 것이다."라고 말하였다. 특히 바람개비는 역방향의 바람일 때 잘 돌아가고 비행도 역방향일 때 상승효과가 좋고, 돛단배, 패러글라이더, 풍차 등도 역방향에 높은 기능을 발휘한다.

 주체는 바람개비지만 그 기능을 할 수 있도록 하는 역할은 역바람이다. 이 역 바람을 만들기 위한 아이디어 즉, 생각이 바로 바람개비를 들고 달리는 것이다. 다시 말하면 주체인 바람개비가 움직이는 역할을 할 수 있도록 달리는 행위가 하나의 창작 활동인 것이다.
 장자의 말이다. "눈에 보이지 않는 힘 가운데 변화의 힘보다 큰 것은 없다. 모든 것이 바뀐다. 그러므로 과거의 나는 더 이상 현재의 내가 아니다."라고 했다. 생각은 눈에 보이지 않는다. 이 생각은 보이지 않지만 엄청난 힘을 갖고 있다.
 생각의 변화는 무한하다. 따라서 주변의 모든 것을 바꾸기 위해서는 생각부터 바꾸어야 한다는 것이다. 그래야 과거가 변하고 현재를 거쳐 미래로 나아간다.

목은 이색 선생은 "옛날의 배우는 자는 장차 성인이 되려고 하였으나, 지금의 배우는 자는 벼슬을 구하였으므로, 시를 외우고 글을 읽으나 도道를 즐겨함이 깊지 못하여, 변화함을 다루는 것이 이미 정도를 지났고, 문장을 아로새기고 글귀를 좇는 데에 마음을 지나치게 썼으니, 뜻을 정성스럽게 하고 마음을 바로잡는 공부가 어디가 있겠습니까? 그 중에서 재주 있고 걸출하여 선비의 종장宗匠이 되고 나라의 주석柱石이 된 자 몇 사람이 있겠습니까?"라는 의문을 가졌다.

☺ 나는 얼마나 유연한 생각을 하고 있나!

목은이 원나라의 학자 구양현과의 주고받은 문장은 유명한 일화로 전해진다. 변방의 작은 나라에서 온 어린 목은을 얕잡아 보고 다음과 같이 화답을 하게 된다.

「구양현이 먼저 "짐승의 발자국, 새의 발자국이 어찌 중국에까지 왔느냐?" 하고 운을 던진다. 이에 목은은 "어디 개 짖는 소리, 닭 우는소리가 사방에서 들리느냐."라고 응수한다.

그러자 구양현이 다시 한번 시험해 보려고 "술잔 들고 바다에 와 보니 바다 넓은 줄 이제 알겠느냐"고 하자 목은이 "우물에 앉아 하늘을 쳐다보니 하늘 넓은 줄 모르는구나."라고 되받아친다.」

바로 이런 상황에서 일어나는 즉문즉답은 지식을 바탕으로 한 생각의 유연성이라고 할 것이다. 우리가 지금 쓰고 있는 속어 중에 개짓는 소리, 닭우는 소리, 우물 안 개구리 등의 어휘는 목은의 대화에서 나온 듯하다.

생각의 변화를 위해서는 구불구불 계곡물이 흐르듯이 생각이 유연해야 한다. 즉 상황에 맞추어 자연스럽게 생각을 바꾸어야 한다.

깊은 계곡의 물이 어떻게 흐르는지 보자. 때로는 크고 작은 바위에 부딪히고, 낭떠러지를 만나거나, 협곡도 만나게 된다. 이처럼 갖은 난관을 겪으면서 결국은 목적지인 바다에 다다른다. 만약 사람의 생각이 경직되어 있다면 결코 진정한 변화는 일어나지 않는다.

엘리너 루즈벨트는 유연성에 대하여 어떻게 바라보는지 살펴보자. 그는 "위대한 정신을 가진 사람들은 생각을 논한다. 평범한 사람들은 사건을 논한다. 마음이 좁은 사람들은 사람들을 논한다."라고 하였다.

그렇다. 모든 결과는 어떻게 바라보고 생각했느냐에 따라 달라진다. 보통 평범한 사람들은 왜 그런 결과물이 나오게 됐는지에 대한 과정만을 분석한다. 그러나 생각이 부족한 사람들은 잘못된 결과에 집착하여 남을 탓하기 시작한다.

아나톨 프랑스의 "상상하는 것은 안다는 것보다 더 중요하다."

는 말이 생각난다. 즉 많은 것을 알고 있는 것도 중요하지만 그것을 어떻게 활용할 것이냐가 더 중요하다는 것이다.

PART 04
상상의 세계에서 살자!

　우리는 상상은 현실을 구현해 나가는데 아주 중요한 역할을 한다. 상상력은 무리에게 무궁무진한 가능성을 제시하며, 새로운 아이디어와 혁신을 통하여 미래의 아름다운 세계로 이끌어 가는 길목에 필수적 요소 중 하나이다.
　우리의 뇌는 인지, 감정, 기억, 학습 등의 영역에서 상상외로 무궁무진한 능력을 갖추고 있다.
　상상력은 우리를 꿈으로 인도하고 꿈은 현실을 바꾸는 초석이 된다. 예술가, 과학자, 혁신가들은 상상력을 통해 세계를 변화시켰고 우리는 이들을 천재라고도 한다. 즉 그들의 꿈과 상상력이 우리에게 새로운 문화, 기술, 그리고 삶의 방식을 바꾸어 주었다.

　꿈과 상상력을 발휘하지 못하는 이유는 특정한 기능, 정형화된 교육, 과도한 현실주의, 반복적 환경 등에 몰려 있기 때문이다. 그 부정적인 기능 속에서 상상력을 찾기 위해 소위 천재가 가지고 있는 독특한 사고방식을 벤치마킹하게 된다.
　천재는 일을 수행하는 방식이 보통 사람과는 다른 독특한 사고를 갖고 접근한다. 그러한 기질이 결국 천재로 육성되어 간다.

독특한 사고의 대표적인 사람 중 하나로 레오나르도 다빈치를 빼놓을 수 없다. 그는 예술가로서 발자국보다 과학자인 발명가로서의 업적이 크다. 우리는 그가 무엇을 발명하였는가가 아니라 그가 간직하고 있는 창의적 발상을 통한 연구와 그에 따라 어떠한 산물을 발현시켰는지에 주목해야 한다. 그러기 위해서는 그의 상상에 의한 실행력을 조명해 봐야 한다. 그의 상상력과 실행력은 어디서부터 분출되는가에 초점을 맞추어 생각해 보면, 결론은 하는 일을 즐기고 그 일에 미쳐있었다는 것 이외에 그 무엇으로도 유추할 수가 없다.

☺ 상상하려는 의지를 갖추었나!

상상은 인간이 마음속에 있는 의식에 현존하는 것을 바꾸거나 결합을 통하여 새로운 것을 창출해 내는 과정이다. 창의적 상상력이란 특정인에 국한된 소유물이 아니고 누구나 갖추고 있는 능력이다. 즉 달란트이다.

이러한 상상력은 타고난 요소에 의한 영향을 받을 수 있으나 그 외에 환경이 융합된 것이다. 처한 환경의 자극과 경험을 통해 창의성과 상상력을 발휘하게 된다.

자신을 상상의 속의 세계로 이끌어 가고 이로 얻은 산물이 창작물이다. 상상 속으로 이끌어 가려는 심리적 지점이 바로 미쳐가는 초입에 서 있는 것이다. 상상력은 개인적인 성장과 행복에도 밀접한 관련이 있다.

우리가 살아가고 있는 현실 세계는 상상의 사고를 통해 얻은 창작물을 쌓아놓은 결과를 향유하고 있다. 우리는 상상력을 통해 더 나은 자아를 발견하고 도전에 맞서 더 나은 미래를 설계할 수 있다. 하지만 상상력은 단순한 꿈에만 그치면 안 된다. 반드시 그 꿈을 실제 행동으로 옮겨야 한다.

당신의 상상력이 현실로 이어지려면 열정과 노력으로 그 꿈을 실현시켜 나가야 한다. '상상의 세계에서 살자'라는 이 기적적인 여정에 동참하기 바란다. 따라서 상상력을 당신의 성장과 행복의 도구로서 새로운 가능성을 열어주고, 세계를 더 아름답고 지속 가능한 곳으로 만들어 나아가길 바란다.

PART 05
실패는 보약이나
포기는 독약이다

　오늘날 자본주의 사회에서는 과거의 봉건사회와 같은 신분에 의한 계급사회는 아니다. 물질에 의한 계급사회로 변천했다. 크게 보면 사업가가 있고 근로자가 있으며 어느 틈인가에 투자자가 끼어있다. 이와 같은 세 역할은 어떤 상황에 있느냐에 따라서 상위 계급이 될 수도 있고 하위 계급이 될 수도 있다.
　사업가와 투자자는 만약에 실패하면 오고 갈 곳이 없는 하위 계급으로 추락할 수 있기에 물질에 얽매인다. 그러나 근로자는 관련 기업에 재입사 할 수 있다는 생각에 생존에 대한 긴장감이 떨어진다.

　만약에 기업이 망했다고 가정하면 사업가와 투자자는 재기하는데 어려움을 겪게 되고, 버티는 직원은 재직하는 동안에 습득한 재능이나 역량이 부족할 수밖에 없어 재입사가 어려워 자칫 하위 계급에 머무를 수 있다.
　그러나 일을 이끌고 가던 직원이었다면 보다 좋은 곳으로 재취업이 자유로워 상위 계급인 제너럴리스트와 스페셜리스트로 상승하게 될 수도 있다.

조직원의 성장은 공동의 기능을 수행하기 위한 집합체의 규모에 따라 제너럴리스트와 스페셜리스트를 어떤 방식으로 키우는 것이 바람직한가에 대한 의견이 분분하다.

일반적으로 직장에서는 붙어있는 직원과 버티는 직원에게 재기할 여건을 만들어 주기 위해 보직변경 신청을 받아 원하는 보직을 부여하거나 상사의 직권에 의해 보직을 변경해준다. 이는 일상적 순환보직과는 다른 것으로 적성과 재능에 관한 것이다.

☻ 오늘도 일에 미쳐있어야 한다

직원이 갖추고 있는 적성 또는 재능이 맞지 않아 실패했다면 새로운 보직을 통하여 재도전의 계기를 부여하기 위해서이다. 알버트 아인슈타인도 "어려움의 한가운데 기회가 놓여있다."라고 말했다. 즉 실패한 직원에게 또 다른 성공을 위한 연결고리를 포착하는 도구로 활용하도록 새로운 역할을 부여하는 것이다.

앞서 언급한 사실을 다시 상기해 보면, 당신은 지금 끌고 가거나 최소한 붙어있는 직원이라고 생각할지 모르나 정말 그런지 다시 한번 확인해 볼 필요가 있다. 평생직장인 것 같지만 어느 한순간 붙어있거나 버티는 직원으로 낙인되면 끌고 가는 사람으로 성장하기 위해 몇 배의 노력이 필요하다.

진정으로 그 일에 미쳐있는 것과 최선을 다하는 것은 분명 다르다. '최선'은 누구에게 물어봐도 자기는 변함없이 '최선'을 다했다고 한다. 세상에 자기 삶에 최선을 다하지 않는 사람이 그 누가 있나. 그러나 그것은 수식어로서 자기 평가 기준이다.
　진정한 평가는 제3자에 의한 평가로 "그 사람은 일벌레야."라든가 아니면 "그 사람 그 일에 미쳤어!"라는 말을 들을 정도는 되어야 한다. 당신이 목표를 스스로 설정하여야 하고, 이에 미치지 못하면 당신은 그 무엇도 이룰 수 없음은 분명하다. 그 후에 남는 것은 주위의 환경 탓으로 돌려 자신을 합리화시키는 것 뿐이다.
　이윤을 창출해야 하는 기업으로서 버티는 직원에 대한 관리를 위하여 직능 및 소양 교육 등을 통하여 유능한 직원으로 육성시키려고 많은 투자와 노력을 기울인다. 그 과정 중에서 하나가 보직변경을 통하여 업무효율을 높이는 수단으로 활용한다.
　매일매일 성과를 내고 이윤을 창출해야 하는 기업으로써는 무한정 동기를 주거나 한없이 기다려 주지 않는다. 정확한 통계는 아니지만, 기업생태 측면에서 보면 버티는 직원에게는 대부분 여러 번의 기회와 무한정의 기간을 부여하지 않을 것이다. 일반적으로 이 과정에서 창의적 도전 여하에 따라 자의 또는 타의에 의해 진퇴를 결정하게 된다.

😊 치열한 생존경쟁에서 최선만으로는 안된다

'청수출부용淸水出芙蓉'이라는 말을 상기하게 한다. 직역하면 '물에 핀 연꽃처럼 부정적인 사고는 맑은 물을 흐리게 한다.' 즉 부정적인 사고가 삶의 맑은 상황을 어둡게 만든다는 뜻이다.

만약 새로운 사고 속에서 진취적이지 못하여 퇴사할 수 밖에 없게 된다. 그 후가 걱정될 것이다. 주위 친구들은 바쁘게 사회생활을 하고 있는데 놀아 줄 사람이 있겠는가. 그러다 보면 마음에 문을 닫게 되고, 재취업의 뜻은 있으나 기량(skill.스킬)이 따라주지 못한다면 이것마저 한계에 부딪치게 된다. 분명한 것은 최선을 다했다는 것만으로는 생존경쟁 사회에서 용납되지 않는다. '행복한 삶'이라는 권리만을 추구하고, 이를 위한 의무를 다하지 않는 것과 같다.

주위에서 누가 그동안 "뭐 했어?"라고 물어보게 되면 단순히 지친 마음을 회복하기 위해 "쉬었다."라며 당분간 좀 더 쉴 것이라고 한다. 이러한 환경이 몇 년 동안 계속된다면 과연 재취업이 가능할까? 결국에는 의욕마저 상실되어 사회의 낙오자가 될 확률이 농후할 것이다.

PART 06
당신은
천재를 갈망하고 있는가

어떤 분야에 뛰어난 능력을 갖추기를 원한다. 그러기 위해서는 열정과 흥미를 갖어야 한다.

그러기 위해서는 좋아하는 일에 노력과 시간의 투자가 핵심이다. 지속적인 학습과 도전, 그리고 창의성과 끈기가 필요하다.

여기서 천재에 대한 연구자들의 논리를 살펴보면 C.롬브로조의 천재의 특징에 관한 연구로써 '천재 광기설天才狂氣說'이 있다.

이 연구의 결론은 천재 중에는 정신병자나 정신병질자精神病質者가 많은 것을 입증한 것이다. 그러나 E.크레치머는 천재를 곧 광기라고 생각하지는 않았다.

천재는 분명 정신병적인 성질이 마음속에 있다고 말했다. 따라서 이들은 불안정한 마음을 갖고 있다. 감정이나 감각이 예민하고 생각과 행동이 일치하지 않은 모순에 싸여 있는데, 이것이 도리어 천재의 뛰어난 생산 활동을 촉진시킨다고 하였다.

또 다른 미국 콜롬비아 대학의 E.Cobh가 역시 천재에 관한 연구를 발표했다. 어떻게 해서 천재가 되는가에 관한 연구 결과이다.

그 공통적인 특성은 5-6세, 그리고 11-12세의 특정 시기에 자연에 대한 체험을 진지하고 확실하게 함으로써 나타나더라는 것이었다.

그는 그 연구를 통해 이 시기에 자연체험을 하면 「ELAN」이라는 성향이 형성되더라는 것이다, 이로 인하여 천재성이 만들어진다고 하였다.

그뿐만 아니라 E.코브의 이론에 의하면 사람이 가지고 있는 천재성은 특정 시기에 온전하게 자연체험을 할 때 발육되어 진다고 하였다.

궁극적으로 두 사람 연구 모델을 살펴보면 천재는 지능이나, 광기, 그리고 유전적인 특성으로 규정짓는 것이 결코 아니다. 천재는 발육 적기에 자연과 함께 호흡하고, 체험을 통하여 형성된다는 것을 알 수 있다.

☻ 자연에서 삶의 지혜를 찾아보자

역시 사람 중심의 철학자인 공자로부터 유사점을 찾을 수 있다. 그는 사람의 마음에서 자연적인 실체를 구하려 하였다. 도덕 주체성의 근거를 찾아 자연의 질서를 사람의 질서로 바꿔 놓고자 했다.

자연을 사람의 본성으로 여겼다. 자연의 섭리로부터 사람의 도리가 내재된 것으로 보았다. 즉 자연의 본질이 사람의 마음을 동요시켜 도덕적 본성의 특성을 갖게 된다. 따라서 인간의 근본 소양과 재능은 자연으로부터 얻게 된다.

　당신의 소양과 재능은 출중하다. 그러나 당신이 마음 깊은 곳에 잠자고 있는 소질을 폭발적으로 분출시키기 위하여 고요한 자연과 함께해라. 호수, 산, 바다 등 모든 자연은 당신에게 많은 동기를 제공해줄 것이다.
　가능하다면 혼자 있을 곳이라면 더욱 좋을 것이니 지금 그곳을 찾아 떠나면 환대받을 것이다. 나뭇가지도 가볍게나마 불규칙으로 흔들거리고, 폭포는 불규칙하게 흩어져 흐르고, 파도도 불규칙적으로 몰려들 때 우리는 아름다움을 느낌으로써 그것들로 빨려 들어간다.
　그러나 자연은 이러한 불규칙한 현상 속에서 엄격한 규칙을 갖고 있다. 이것이 바로 물리 세계의 모든 활동은 불규칙 속에서 변함없는 모습을 묘사한 것으로서 자연만이 갖은 동정유상動靜有常이다.
　이러한 자연환경 속에서 우리는 만물을 발견하고 지혜를 얻어서 삶의 변화를 이끌어 가고 이에 따른 성취감을 느끼게 된다.

밤에 잠을 자는 건
내일의 새로운 희망을 꿈꾸기 위해서다.

「3분, 인생을 바꾸다」 중에서/야촌 이청원

2부
속담에서 답을 찾자

죽어서 버섯 안 피는 나무는 없다.

「3분, 인생을 바꾸다」 중에서/야촌 이청원

모든 죽은 나무에 물을 주면 그 자리에서 버섯이 기생하여 피어난다. 비록 생명은 다하여 생리적 작용은 다했지만 환경을 갖추면 새로운 기능을 하게 된다.
물론 사람도 죽으면 삶의 흔적이나 사회적으로 끼친 영향은 반드시 남게 된다. 따라서 그 잔재의 기운을 받아 활용하면서 살아간다는 뜻을 비유한 말이다.

PART 01
열두가지
재주에 저녁거리 없다

　우리에게는 크고 작은 재능을 갖고 있다. 노래에도 소질이 있고 춤에도 소질이 있거나, 축구도 소질이 있고 야구도 곧잘 하는 사람 또는 태권도와 달리기에도 흥미를 갖는 사람은 서로 보완 관계에 있는 소질이다.
　그러나 문학적 소질과 예술적 소질 또는 기술적 창의력과 음악적 상상의 달란트를 갖추고 있는 사람도 있다.

　우리나라 속담 중에 "열두 가지 재주에 저녁거리가 없다."라는 말이 있다. 이 말의 속뜻은 재주가 여러 방면으로 많은 사람은 한 가지 재주만 가진 사람보다 성공하기 어렵다는 말이다.
　즉 한 가지 일에 집중함으로써 성공할 확률이 높다는 것이다. 이 말은 흠결이 전혀 없이 맞다. 그 중에 어느 하나를 선택하여 집중함으로써 얻는 결실이 크다는 것이다.
　그 외의 재능들은 모두가 보완재로써 활용되어 다양한 일을 섭렵하게 된다.

　조각가로 시작해서 화가로 건축가로 나아가 시인으로 다양한 예술 분야에서 천재적 업적을 이룬 미켈란젤로를 생각해 보자.

90세의 일대기 속에 어린 여섯 살 때 석공 아내의 보살핌 아래 열악한 가정에서 성장했다. 마침 유모의 남편이 석공인지라 보는 것이 정과 망치뿐이었다. 그 환경 속에서 놀이터가 바로 돌 공장이었다.

미켈란젤로의 인생은 여기서부터 시작이었다. 형편없는 돌이 정을 만남으로써 아름다운 모습으로 변해가는 것을 알게 되고 이에 대한 흥미를 갖고 미치기 시작했다.

☺ 그림에 미치면 어떻게 될까

미켈란젤로는 그림에 많은 관심을 지니고 있었다. 자연스럽게 작품을 구현하기 위해 밑그림을 그리기 시작하면서 당대 최고의 인기를 누리는 훌륭한 화가의 반열에 올랐다. 시스티나 성당의 〈천지창조〉, 〈최후의 심판〉 등을 남기게 되었다.

그러면서도 본인은 늘 하나의 조각가에 불과하다고 주장했다. 그러함에도 오늘날 그를 조각가로만 남아 있지 않다.

우리는 그를 건축가임은 물론 나아가 인간의 원형을 가감 없이 드러내는 시인으로 기억한다.

그는 표면적으로 다양한 분야의 전문가로 보이지만 상호 연계성이 있다. 핵심 요지는 좋아하는 조각에 이미 미쳐있었다는 것이다.

따라서 역설적이기는 하지만, 한 가지 재주를 갖은 사람보다 열두 가지 재주를 갖은 사람은 불행하냐!

절대로 그런 의미는 아니다. 열두 가지 재주를 갖은 사람은 하나를 갖은 사람보다 낫다. 단지 어느 하나의 재주로부터 시작해서 열두 가지의 재능을 발휘하라는 것이다.

흥미롭고 소질이 있는 특정한 일에 미치면 열두 가지 재주를 갖게 되는 것이다. 즉, 동시에 서로 이질적인 일을 하면 결과는 모두 미약해진다는 속설이다.

여기에서 주는 교훈을 되새겨 볼 필요가 있다. 사람마다 바라는 가치관은 다르다. 그리고 누구나 일곱색으로 구성된 무지개를 보고 싶어 한다.

그러나 구체적으로 일곱색 중에서 가장 좋아하는 색은 무엇이냐고 물으면 선뜻 답을 못하고 머뭇거린다. 왜 답을 못할까!

일곱색으로 조합된 무지개의 아름다움을 느껴 봤지만, 특정한 하나의 색으로 이루어진 것은 보지 못했기 때문이다. 만약 그런 무지개가 있다면 어떤 감성적 표현을 할 수 있을까!

만약 당신은 축구와 야구 모두 곧잘 하는 소질을 갖고 있다면 무엇을 선택하겠는가? 훌륭한 선수로 발전하기 위해서는 반드시 이 둘 중에서 하나를 선택해야 할 것이다.

PART 02
한 우물을 파라

　이 속담은 현대사회에서의 '멀티태스킹'과는 다른 철학을 강조한다. 여러 일을 동시에 하는 것보다는 한 가지에 집중해 그 일에서 깊이를 더해가는 것이 더 나은 결과를 낳는다는 점을 시사한다.
　성공은 하루아침에 이루어지는 것이 아니며, 작은 성공들이 쌓여 큰 성과로 이루어지기 때문에 꾸준한 노력이 필요하다. 이는 전문성을 키우고, 인내심을 키우며, 지속적으로 노력하는 것이 중요하다.

　하고 싶은 일에는 방법이 보이고 하고 싫은 일에는 핑계가 보인다. 일상에서 지구력이 없는 사람에게 자연스럽게 **"한 우물을 파라."** 라고 충고한다.
　이는 시작한 일이 끝날 때까지 매진하라는 의미가 있다. 여기에 담겨 있는 속뜻에는 삶에 있어서 하나의 일에 집념하라는 의미가 더욱 클 것이다.
　즉 잠재하고 있는 소질과 기량을 최대한 발휘하며 만끽하라는 의미를 내포하고 있디 할 것이다. 그래야 좋은 결과를 얻어 성취감을 맛볼 수 있다는 말이다.

답은 명확하다. 내 우물을 만들기 위해서는 한 곳을 집중해서 파야 물을 찾을 수 있다는 것이다. 일도 마찬가지다. 선택한 일에 집중하였을 때 비로소 결실을 볼 수 있다.

그런데 남의 말에 솔깃하여 이곳저곳을 기웃대거나, 물이 나온다는 신뢰를 갖지 못하고 쉽게 얻을 수 있는 수단이 없을까! 하는 잔꾀를 부리기도 한다.

결국에는 치열한 생존경쟁 사회에서 조급증에 빠져 지구력 및 의지가 약해질 뿐이다. 또는 농땡이를 치다 보면 주어진 시간만 허비하고 결과를 얻지 못할 수도 있기 때문이다.

즉 상대적으로 한 곳만 묵묵하고도 미친 듯이 파 내려가는 사람이 결국 먹을 물을 찾게 된다는 것이다. 그러나 그러지 못하고 이곳저곳을 찾아다니며 파헤치다 보면 노력한 결과를 얻지 못하고 시간만 허비하게 된다.

자신의 일생에서 그만큼 마이너스 요소로 작용하여 중요한 시기를 놓이면 회복하기 어렵다. 허비한 시간은 되찾을 수 없다.

😊 자신을 과대하게 포장하지 말자

사람은 일하고 그 일의 결과에 대한 결실로 먹고 살아간다. 결국에는 다른 사람이 파 놓은 우물에 기대어 그 물을 퍼먹고 살게 된다. 빌붙어 있는 신세는 안타까운 일이다. 허둥지둥 여기저기 방황만 했을 뿐 결과적으로는 물길을 찾지 못하고 목적 달성에는 실패하게 된다.

따라서 자아에 대한 성취감을 잃어버리게 된다. 끝내는 주위 사람에게 의존하거나 기생하여 얻어먹고 사는 인생이 된다. 이는 결과적으로 사회에 공헌이 아닌 피해를 주는 가해자가 되는 것이다.

그리고는 그 결과에 대해서 나름대로 그럴싸하게 포장해서 결론을 내린다. 고작 내린 결론은 열심히 팠는데 물을 찾지 못했다고 하거나 '땅이 너무 단단해서' 파지 못했다는 등의 외부환경을 들어 변명의 명분을 찾는다.

또한 '내가 체력이 약해서' '운이 없어서'라든가 등의 갖가지 자신에 대한 합리화를 하기도 한다. 들어보면 또한 구구절절 늘어놓는 말들이 그럴싸해 보인다.

여기서 우리가 알 수 있는 것이 있다. 물을 찾은 사람은 한곳에 집착하였다는 점이다. 또 다른 점은 분명히 물이 나올 것이라는 믿음을 갖고 있었다는 것이다.

이러한 신념으로 꾸준히 한 곳에 몰입해서 파고들었기 때문에 목적을 달성하게 된다. 나아가 땅을 파는 과정에서 적으나마 흙의 속성은 물론 지중地中학적 토양의 퇴적층이 어떻게 변화해 왔는지 기초적인 지식 정도는 알게 되었을 것이다.

이로 인하여 지리학의 기초인 대자연의 질서와 법칙을 경험하게 된다. 즉 지하수가 흐르는 길을 탐구하는데 미쳐 파고 들어간다면 결국에는 자연과학을 탐구하는 과학자로서 미지의 세상을 일구어 나갈 수 있는 지식을 얻을 것이다.

PART 03
미친 자와 황소에게는 길을 비켜줘라

여기서 의미하는 '미쳤다'라는 말은 상식적으로는 말이 통용되지 않는다는 뜻이겠지만 우리가 일상적으로 표현하고 사용하는 말이 있다. 그뿐만 아니라 소의 귀에 대고 불경을 읽어주면 어떤 반응이 올까?

즉 이 말을 '우이독경牛耳讀經'이라고 한다. 당연히 소에게 아무리 경을 읽어주어도 무슨 뜻인지 알아듣지 못하고 아무런 반응도 하지 않는다.

주위로부터의 좋은 뜻의 충고를 알아듣지 못하거나 받아들이지 않는 사람 또는 자기주장과 의지가 강하여 그 어떤 것으로부터 구애받지 않고 꿋꿋이 자기 집념에 강하게 빠져있는 사람을 지칭한다.

'좌고우면左顧右眄' 즉 왼쪽을 둘러보고 오른쪽 눈으로 자세히 살펴보고 망설인다는 뜻으로 소신과 추진력이 없는 사람의 행동을 표현한 말이다. 이는 서로 극단적인 행동의 모습이다.

영국속담으로 "미친 자와 바보에게는 길을 비켜줘라." 라는 말이 있다. 미친 사람을 황소에게 비유한 말이다. 황소는 밭을 갈면서 오롯이 앞만 보고 무거운 쟁기를 끌고 간다.

물론 곧고 균일하게 밭이 갈린다. 사람마다 역경과 고난의 크기, 소유한 역량에 따라 받아들이는 무게는 다르게 나타난다. 그러나 분명한 사실은 무겁든지, 가볍든지 혹은, 젊은 시절이든 노년 시절이든 상황과 시기에 무관하게 누구에게나 찾아오게 된다. 그러나 이러한 현상은 대부분이 예고가 없다는 것이다.

이에 우리의 삶의 일대기에 현재의 시점에 이르기까지 일의 성공과 실패과정에서 일어나는 일들을 생각해 본다. 물론 미친 사람은 상식적이지 않은 행동을 한다. 즉 일반적인 대화가 통하지 않으며, 타협하려고 하지 않는다.

과연 에디슨, 마리 퀴리, 갈릴레이 등 수많은 창작에 의한 발명가들은 우리들의 상식 속에서 행동하였을까? 그들은 변함없이 우리들의 일반적 상식을 깨고 자신들의 시야에서 도전하였던 사람들이다. 그들은 정규 전문직 고학력을 갖은 사람들도 아니다.

만약 당신이 20대라면 학업에 매진하여 남아 있는 남은 80년을 위해 지어야 할 집을 짓기 위한 주춧돌을 다듬어 놓은 중요한 시기라고 생각하고 있는가?

그렇다면 서둘러 실행에 옮겨라. 그렇지 않고 아직도 '좌고우면'하다가 시간을 허비하면 다음에 찾아오는 삶의 무게감은 높아지게 된다. 이에 따라오는 후회는 심각하지만, 되돌릴 수 없다.

즉 앞으로 80년을 살아갈 생각을 해보면 어느 때보다 20대가 인생의 황금기이다. 지난 시간을 무엇에 얼마나 어떻게 미쳐있었는가를 생각해 보면 앞으로 가야 할 세월을 가늠해 볼 수 있다.

☻ 미치지 않고는 기대할 것이 없다

　자칫 꾸었던 꿈은 온데간데없고, 불어오는 바람 따라 휩쓸리는 낙엽처럼 무리 따라 기량을 살리지 못하고 낙엽이 흙 속에 묻혀 썩고 말 듯이 갖은 기량마저 묻혀 버리고 만다면 안타까운 일이 아닐 수 없다.
　분명한 것은 당신도 목표한 꿈을 향해 온전하게 미치면 그 결과물은 훌륭할 것이고, 그 결과를 누군가는 바톤(baton)을 이어받아 자양분 삼아 더 나은 산물로 창작해 나감으로써 문명발전에 이바지했다. 따라서 당신은 사회의 일원으로 훌륭한 삶을 살았다 할 것이다.
　최만리崔萬理는 문신으로 정치인이자 철학자로서 집현전에서 고제古制를 연구하는 집현전 부제학이었다. 한글 창제에 대한 반대 상소를 대표적으로 올려 세종의 입장을 곤란하게 만든 인물이다.
　그러나 세종은 한글을 창제하는데 뜻을 굽히지 않고 집현전을 운영하였다. 집단이 모여 그들의 지식과 지혜를 합치는 과정에서 먼저 미치고, 그리고 뜻을 굽히지 않으며, 끝내 목적을 달성하겠다는 의지가 있어야 한다고 했다. 즉, 광狂 · 견狷 · 지止의 조합을 통해 창의적 사고력과 결론을 얻고자 하였다. 이 세 가지가 정신이 필요하며 이러한 사고가 잘 융합을 이뤄야 한다는 것이다. 어떤 목표에 대한 신념이 있어야 하고, 그 뜻을 굽히지 말아야 한다. 그러면 결론에 이를 수 있다고 생각하였다.

이를 기반으로 세종은 유교를 숭상하고 불교를 억누르는 숭유억불崇儒抑佛의 가치관에 충실했던 시기에 신미 스님을 훈민정음 창제에 참여시켜 모음을 정리하는데 많은 공헌을 하도록 하였으며, 한글 창제 과정에서 요동으로 유배된 명나라의 음운학자 황찬黃瓚의 의견을 듣기 위해 다방면으로 노력하였다.

그 외에 세종은 〈월인천강지곡〉을 직접 짓고, 수양대군에게 〈석보상절〉을 만들게 하였으며 정의공주 등도 참여시켰다. 물론 한글 창제에 관여한 사람들 모두가 마법의 기적에서 창출된 것이 아니다. 세종이 왕실을 비롯하여 집현전, 학자, 불교계까지 지성인들을 창제에 미치도록 이끌었기 때문이다.

즉 이들의 조합을 통해 창의적 사고력과 결과물을 얻고자 이들이 미칠 수 있는 환경과 원인을 부여함으로써 목적을 달성한 것이다.
당신은 어떤 꿈을 꾸었나? 꾸었던 꿈을 되찾아 최선을 다하는 희망 중에 때로는 스스로 위안하고 의지하며 매진한 후에 찾아올 기쁨을 생각해 보아라.

PART 04
희망이 있는 사람은
음악이 없어도 춤을 춘다

　희망은 바라는 마음이 아니라 잘 될 것이라는 믿음 속에 있다. 춤을 추는 사람들은 목표가 있는 사람으로서 목표를 향해 한 발자국 다가설 때 찾아오는 기쁨의 표현이다.

　영국은 서유럽 북해의 섬나라로 한때 19~20세기에 대영제국의 영토가 절정에 달했을 때 '해가 지지 않는 나라' 국왕은 영국과 영연방 왕국들의 군주로 템스강을 끼고 있으며 세계적 문화가 어우러져 있는 나라이다. 영국의 속담 중에 "희망이 있는 사람은 음악이 없어도 춤을 춘다."라는 말이 있다.
　협정에 의한 세계시간의 기준선인 '그리니치 천문대'를 보유하고 있는 상징적인 나라로 진취적이고 지배적인 사고를 가지고 있는 국가이기도 하다.
　일반적으로 춤은 흥겨운 음악을 들으면 어깨가 들썩거리며 절로 몸이 움직이지만 무겁고 애절한 음악은 몸이 위축되거나 긴장하게 된다. 이렇듯 음악은 사람의 마음을 동요시키는 도구이다.
　그러나 음악이 없는데도 기분이 좋으면 자기도 모르게 콧노래가 나오고 어깨가 들썩들썩일 때가 있다. 당신에겐 언제 이런 적이 있었는지 묻고 싶다. 이럴 때 옆에 있는 사람은 "무슨 좋은 일이 있어?"라고 묻는다.

과연 어깨춤이 나올 때는 언제일까! 이는 희망 속에 품고 있는 목표를 향해 한 발자국씩 다가갈 때 나오는 춤이다. 희망이 없다는 것은 목표가 없다는 말이다.

그렇다. 춤은 일회성이 아니라 한 목표를 설정하고 그 정상에 올라설 때까지의 단계 단계를 오르는 과정 중에 나오는 춤이 진정한 춤일 것이다. 바라던 대학에 합격하였을 때, 적성에 맞는 직장에 입사하였을 때, 누락 되지 않고 승진하였을 때 등등 이었을 것이다.

만약 당신이 사업가라면 생각 이상의 큰 수주를 했을 때, 매출액과 손익이 좋을 때, 신상품을 출시하여 시장반응이 호황일 때 등일 것이다. 즉 모두 희망이 있거나 목표 또는 목적을 성취하였을 때에 자연스럽게 일어나는 행위이다.

당신에게도 '천리 길도 한 걸음부터'라는 말처럼 목적지를 향해 한 걸음씩 다가갈 때 나타나는 기쁨이 있으면 좋겠다. 이러한 기쁨을 느끼기 위해서는 선택한 일 또는 하는 일에 집착해 즐겨야만 한다.

동시에 두 가지 생각은 할 수 있지만, 서울 가면서 동시에 부산은 갈 수 없듯이 두 가지 행동을 동시에 할 수 없다. 즉 한 가지 일에 명확한 목표를 갖고 미치듯이 즐기다 보면 저절로 춤이 나올 것이다. 춤만 추겠는가! 감격의 눈물도 어김없이 뒤따라 흐르게 될 것이다.

모든 일에는 상호 연계성이 있다. 건축설계는 예술성과 구조적 안전성을 보장하기 위한 철근 등의 소재에 대한 재료공학, 구조적 계산 및 하중 분석, 기후 및 환경에 대한 데이터, 전기 및 기계설비에 대한 정보, 사용성 및 인간공학, 나아가 시공방법론에 이르기까지 많은 산업 영역이 연계되어 있다.

이 각각의 영역이 차지하는 세부적 기술이 광대하기에 동시에 습득한다는 것은 불가능하다. 우선 하나의 일에 미쳐서 열심히 하다 보면 열두 가지 재주를 갖게 된다.

따라서 열두 가지 재주를 동시에 익힐 수 없으니 그중에 당신의 핵심 재능 하나를 싹틔우면 그와 연계된 재주를 다양하게 얻을 수 있다는 사실을 여기서 반추해 볼 수 있다.

PART 05
동시에 둘이서 노래를 부를 수 있으나 지껄일 수는 없다

　일반적인 대화는 서로의 견해가 다르다 하더라도 말을 주고받게 된다. 그러나 감정이 표출되면 상대방이 말할 수 있는 틈을 빼앗기 위해 동시에 떠들썩하게 서로가 자기주장만을 지껄이면서 서로를 훼방한다.
　반면에 두 명이 아니라 여러 명이 다양한 음색으로 화음에 맞추어 함께 노래를 부르면 듣는 사람에게까지 감동을 준다.

　고고한 문화가 숨 쉬고 있는 이탈리아는 '동시에 둘이서 노래를 부를 수 있으나 지껄일 수는 없다.'는 속담이 있다. 따라서 때로는 달란트에 따라 집단을 이루게 되고, 그룹이 형성되지만 이와 같은 집단과 그룹 내 구성된 사람들의 기량과 역량이 표면적으로는 같다.
　내면에는 사람들 하나하나가 모두 타고난 다른 재능과 소명을 간직하고 있다. 이는 연기력과 드라마를 중심으로 하는 종합예술인 바로 오페라 뮤지컬에서 찾아볼 수 있다. 오케스트라가 연주하고 가수가 노래로 드라마를 전달하게 된다.

성악과 기악은 물론이고 연극 대본과 연기, 미술, 무용 등이 참여하여 기량을 표출해 관객을 동요시킨다. 여기에는 각각 출연자들의 달란트에 따라 역할이 조화로워야 한다.

이 역할을 하는 사람 하나하나가 맡은 역을 극대화하기 위해서는 한순간도 놓치지 않고 시작부터 마치는 순간까지 온전히 미쳐있어야 한다.

필자는 얼마 전에 '세시봉 콘서트'에 다녀왔다. 관람객들은 연출자들이 온전하게 미쳐있는 광경에 동요되고 도취하여 만끽하고 있었다. 이처럼 미쳐있는 연출자를 프로페셔널이라고 할 수 있다.

성공적으로 연주를 마친 연주자들에게 "무슨 생각으로 했기에 그런 멋진 모습이 나왔어요?"라고 물어보았다. 한결같이 "어떻게 했는지 나는 모르겠다.", "난 아무 생각이 나지 않는다."라는 말밖에 들을 수 없었다.

함께한 상대가 어떻게 했는지 물론이고 본인이 순간순간 어떤 의도를 갖고 행동을 했는지조차 모르고 무아지경인 상태였다는 말이다. 즉 자기 역할에 미쳐있었다는 것이다.

평상시의 생각으로는 기억나거나 행동으로는 할 수 없는 초인간적인 광기를 부렸나는 말이다. 플라톤은 이성을 매우 중시하는 객관적 관념론자 임에도 불구하고 "신이 준 것 중 광기가 가장 좋은 것이다."라고 인정하기도 했다.

이러한 말과 몸짓을 통하여 전달하고자 하는 메시지를 명확히 전달한다. 이와 같은 광기를 통하여 관객의 마음을 끌어당기게 되는 것이다.

무대를 장악하여 표현하는 배우가 미쳐있는 모습에 관객은 몰입하게 된다. 따라서 지켜보는 관객도 매 순간순간 연출자와 함께 미쳐서 공감하게 된다.

여기서 관객 또한 공감하려는 정도에 따라 만족도는 달라진다. 즉 몰입하여 미쳐있는 정도에 따라 극에서 전하고자 하는 메시지를 받아들이는 정도는 다르다는 것이다.

연출자 본인이 미쳤다고 생각하는 것은 결단코 중요하지 않다. 관객의 눈에 담백하고도 확실하게 미쳐있어야 한다. 그래야만 관람의 효과는 배가된다.

관객은 이러한 극 속에서 인생 삶의 경로에 얽힌 매듭을 푸는 기교를 배우고 때론 진정한 나침판을 찾게 된다.

PART 06
고집하면
황소고집이다

근대 사회는 순수한 이성에 의하여 얻어지는 최고의 개념 즉 이념에 치우쳐 사는 삶이 아니라 현실의 조건이나 상태를 그대로 인정하며, 그것에 근거하여 생각하고 행동하는 태도 즉 현실주의를 추구하는 사회이다.

소는 우리 농본사회에서 매우 중요한 자산으로 여겨졌다. 이에 따라 사람의 행동을 소에 비유한 말이 많다.

기운이 센 사람을 황소 같은 사람이라든가, 또는 느리기는 하나 착실하게 해나가는 사람을 황소걸음에 비유하여 잘못되거나 실족할까 봐 매우 조심스럽게 하는 행태를 '황소 얼음판 걷듯 한다.'라고 한다.

황소는 느리지만 조심하여 주위의 환경에 동요하지 않고 한 방향으로 꾸준하게 행동한다.

'황소' 하면 작물을 경작하기 위해 필수작업으로 논과 밭을 가는 아주 힘이 센 동물로서 사람의 의도에 맞추어 길들여진 것이다.

소는 온순하고 조심성이 많으며, 주위의 환경에 동요하지 않고 한 방향으로 꾸준하게 행동한다. 즉 주인이 시키는 대로 꾀부리지 않고 묵묵히 맡은 일을 한다.

그래서 우리는 어떤 일에 좌고우면하지 않고 한길만 가는 사람과 우직함을 가지고 있는 사람을 황소에 비유하여 「황소처럼 우직愚直하다」라고 한다.

우리는 우직하게 하나의 일에 집착하는 사람보고 "너 그 일에 미쳤니?" 또는 "그 사람들은 이 일에 미쳤나 봐!" 등등으로 말한다.

초심의 기세를 끝까지 절대 꺾으려 하지 않고 끝장을 보려는 사람을 빗댄 말이다. 이러한 정신적 의지는 일을 열심히 하는 사람 또는 성실한 사람이라는 상징적 이미지를 갖고 있다.

또 다른 이미지로는 일벌레, 일에 중독된 사람이란 관념이 있다. 즉 끊임없이 일해야 한다는 충동적인 욕망에 밀려서 산다는 것이다. 물론 특정한 일에 몰입해서 그 분야에 전문가가 되는 것은 매우 긍정적인 일이다.

그런데 이런 사람들은 자기 일 이외의 영역에서는 자신의 존재가치를 느끼지 못하거나, 다른 영역에서는 심한 열등감을 느끼게 된다.

그럼 왜 이런 삶을 살까? 인간에게는 만능이라는 재능을 부여받지 못했기 때문에 이는 자연스럽고 당연한 현상이다.

몸은 생체 기능을 위한 영양성분을 자기가 즐기는 음식을 통해 충족시킨다. 따라서 다양한 일 중에서 자기가 좋아하는 특정한 일을 통하여 자아를 실현해 가는 것이다.

그러기 위해서는 그 일을 선택하게 된 초심의 기세를 꺾지 말고 끝장을 보려는 의지가 중요하다. 이런 정신적 의지는 '황소처럼 우직愚直하다.'라는 말을 제3자로부터 객관적으로 들을 정도여야 한다.

일에 충동적인 탐욕 밀려서 성실하게 빠져들어 미치다 보면 자기도 느끼지 못하는 사이에 그 분야의 전문가 반열에 등극하게 된다. 이에 대한 입증은 제3자에 의해 객관적으로 판단한 결과물이다.

PART 07
쇠고집과 닭고집이다

　우리는 모든 대화의 주체는 설득 또는 공감이다. 설득과 공감에 있어서 자기의 마음속에 남아 있는 최초의 심상 즉 의견을 바꾸거나 고치지 않고 굳게 버티는 성미를 가진 사람을 '고집固執있다.'라고 한다. 우리나라 격언에 얼음덩이로 대못을 박으려고 달려드는 것은 물거품으로 바위를 깎으려는 격이다. 채반으로 소쿠리를 만들고, 용수로 채반을 만들려고 달려든다. 등이 있다.
　그럼 '고집불통'인 사람은 어떤 사람인가? 이는 자기의 의견을 상대방에게 설득과 공감을 시키지 못하면서 자기주장만 앞세우는 사람을 고집불통이라고 한다.
　설득과 공감이란 상대방에게 자기의 의견을 따르도록 깨우쳐 말하는 것이다. 그렇다면 설득 또는 공감을 얻지 못하는 고집 불통인 사람을 우리는 '어리석다'라고도 한다.
　그러나 자칫 남의 말을 듣지 않는 사람을 '쇠귀에 경經 읽기 즉, 「우이독경牛耳讀經」한다'라고 한다. 쇠귀에 큰 소리로 경을 읽어도 못 듣는 것처럼 즉 귀먹은 척하고 귀를 닫아버리는 사람을 비유한 말이다.
　이러한 행위는 외부와의 경계로 인하여 스스로 정보를 단절함으로써 자아 발전을 저해하는 근원이 된다. 때에 따라서는 오해가 발생하거나 아주 위험한 고립 속으로 빠져들게 된다. 자칫 이런 사람들은 이것을 자존심이라고 주장하기도 한다.

그러나 진정한 자존심은 자기의 능력을 믿음으로써 가지는 당당함을 갖춘 다음에 남에게 굽히지 않고 자신의 품위를 지키려는 마음인 것이다. 남의 말을 받아들일 수 있는 능력이 없는 사람이 자기주장만 한다면 바로 고집불통 어리석은 사람이다.

동양철학에 '알기를 좋아하되 배우기를 좋아하지 않으면 그 폐단은 허황되다.' 라는 말이 있다. 알려면 귀를 열어놓고 남의 말을 들어야 알 수 있는데, 귀를 닫고 자기주장만 한다면 과연 무엇을 배울 수 있을까! 라는 의문을 갖게 된다.

당신도 고집불통이 아닌지! 과연 나는 긍지를 갖고 귀를 열어 배움을 준비하고 있는지! 괴테는 "가장 유능한 사람은 계속해서 배우는 사람이다."라고 했다. 당신도 스스로 질문하고 자신이 그에 합당한 답을 해보길 바란다.

항해해 보지 않고서
풍파에 시달리는 고통을 어찌 알리오.

「3분, 인생을 바꾸다」 중에서/야촌 이청원

Chapter 4

1부 우물쭈물하다 길을 잃는다
2부 지혜로운 사람은 즐길거리만 찾는다
3부 차 마 설

1부
우물쭈물하다 길을 잃는다

고양이 제 그림자에 놀라 뛰는 사이에
쥐새끼 줄행랑친다.

「3분, 인생을 바꾸다」 중에서/야촌 이청원

정신 바짝 차리고 기회를 놓치지 말라는 뜻이다. 자칫 한눈을 파는 사이에 목적했던 목표물을 잃어버리게 된다. 따라서 목적달성을 위해서는 하는 일에 집념을 가져야 한다. 사람은 두 가지 일을 동시에 할 수 없다. 고양이가 자신의 그림자에 놀라 뛰는 사이에도 쥐새끼를 잡을 정도로 순간적인 기회를 포착하는 것이 중요하다.

PART 01
얼마만큼 가져야 행복할까?

우리의 탐구심은 무한하다. 그러기 때문에 문명은 끊임없이 발전하게 되고 그의 열매를 후대에게 물려주는 선형의 사회를 이루고 있다.

어네스트 밀러 헤밍웨이는 "지금은 무엇을 못 가졌는지가 아니라 가지고 있는 것으로 무엇을 할 것인가를 생각하라."라고 말하였다.

그렇다. 99원 가지고 있는 사람이 1원 가지고 있는 사람의 돈을 빼앗아 100원을 채우려는 욕심을 부린다는 속설이 있다. 지금 '무엇을 못 가졌는지'의 의미로 1원에 집착하는 것이다.

사람의 욕심은 끝이 없다. 그러나 늘 가지지 못한 것에 집착하거나 동경하지 말고, 이미 충분히 가지고 있다고 생각하며 늘 감사할 줄 알라는 말이다. 다시 말해 긍정적으로 생각하라는 의미이지 희망을 버리고 현재 처해 있는 상황에 안주하라는 말은 결코 아니다.

반면에 '가지고 있는 것으로 무엇을 할 것인가.'는 '우리가 이미 삶의 과정에서 얻은 많은 것들을 간직하려고 하지 마라. 간직하는 순간에 모든 것이 멈추게 된다. 지금까지 습득하여 얻는 지식과 재능, 끼 등을 다각적 시각에서 바라봐라'라는 뜻이다.

즉 가지고 있는 것을 무슨 용도로 어떻게 활용할 것인가를 생각하고 행동에 옮겨라. 이는 매우 적극적이고 진취적인 의미가 내포되어 있다.

이처럼 전자는 자칫 패배적 자기중심의 합리화에 의해 소극적으로 비추어지게 된다. 반면에 후자는 지금 가지고 있는 것을 최대한 극대화하기 위해서 최선을 다하면 언젠가는 꿈이 현실로 구현될 거라는 자신의 신뢰가 밑바탕에 깔려있다.

PART 02
자아실현을 위한 욕망은 무엇인가?

　자아실현은 인간 교육이 궁극적으로 지향하는 것이며, 윤리의 핵심요소이기도 하다. 인간의 중심에 가장 상위의 요구는 자아실현이다. 즉 개인의 능력과 기술, 잠재력을 최대한 실현하고자 하는 자아실현 욕구이다.

　자아실현은 자신의 잠재력을 최대한 발휘하고, 진정한 자신이 되고자 하는 깊은 열망이 있어야 한다.
　이는 기본적인 생존 욕구나 안전욕구를 넘어, 자신이 누구인지 이해하고, 자신이 지닌 능력과 재능을 통해 의미 있고 성취감 있는 삶을 살고자 하는데서부터 시작되는 것이다.
　이 욕망은 인간의 삶에서 가장 높은 차원의 동기로 여겨지며, 이를 충족 시킬 때 깊은 만족감과 행복을 느낄 수 있다.
　자아의 본질을 완전히 실현하는 일로 영국의 철학자 그린 T.H는 이것이 인생의 궁극적인 목적이라고 했다. 인간의 삶이 '자아실현을 위한 잠재적 가능성의 실현과정'이라는 것이라고 처음 언급한 사람이 아리스토텔레스이다.

그는 인간의 본질을 합리성으로 보고, 그것을 최대한 발휘함으로써 인간의 궁극적 목적인 행복에 이를 수 있다고 하였다.

E 프롬은 인간이 자신의 잠재적 가능성을 창조적으로 발휘하고 실현하는 것을 생산성이라는 말로 표현했다. 여기서 생산성이란 창조성이라는 말과 같은 의미를 지닌다.

프롬은 '생산성은 인간의 특유한 잠재적 가능성을 인간이 실현하는 것, 곧 그의 힘의 사용'이라고 하였다. A.매슬로는 '자아실현은 성장 동기가 계속적으로 충족되는 것이다'라고 하고 T.브라멜드는 '문화에 의해서 성립된 사회 속에서 자신의 가능성과 잠재력이 발휘되는 것'이라고 설명한다.

동양철학 중에 '용기를 좋아하지만 배우기를 좋아하지 않으면 그 폐단은 난폭해지는 것이며, 강하기를 좋아하지만 배우기를 좋아하지 않으면 그 폐단은 망발을 부리는 것이다.'라고 했다.

사람은 욕망만 가졌다고 해서 자아를 발견하고, 실현하는 것이 아니다. 자신이 갖추고 있는 소질과 역량을 본인이 찾아내 그것을 충분히 발휘하고 계발함으로써 자신의 이상을 실현하는 것이다. 혹시 당신도 의욕이 앞서지 않는지 짐검해 볼 필요가 있다.

자기의 본능을 완전히 실현하기 위해서는 끈기와 노력을 빼놓을 수 없다. 사카구치 히로노부는 "자신의 아이디어를 누군가 비웃는다고 해도 그것에 좌절해서는 안 된다. 원래 아이디어는 사람들의 비웃음 속에서 탄생한다."고 했다.

아무리 순간순간 스치는 아이디어가 많아도 그 아이디어를 단 한 번의 실행으로 목적달성에 이르게 되는 경우는 흔치 않다. 즉 끈기와 인내를 갖고 시행 오차를 좁히는 반복적인 활동이 절대적으로 필요하다.

에디슨이나 장영실도 한 가지 발명품을 만들기 위해 우리가 알 수 없는 수많은 실패와 좌절감을 가졌을 것이다. 하지만 부지런하고 끈기 있게 노력했기에 그와 같은 사물을 발명함으로써 오늘날의 문명이 발전하는데 초석을 놓을 수 있었다.

PART 03
성장과정은 실패였다

    부모들은 우리에게 다양하고 거대한 꿈과 희망을 주면서 키운다. 필자는 어릴 적에 어머니가 주술처럼 늘 하셨던 말씀이 생각난다. 지금 생각해 보면 한결같은 희망이셨다.

    단둘이 있을 때면 언제나 어김없이 하시는 말씀이었다. 아마도 내가 뱃속에서 나오는 순간부터 내 귓불에 대고 하셨을 것 같다. 요즘 생각해 보면 참으로 와 닿는 한결같은 희망의 말씀이셨다.

    "애야 넌 훌륭한 사람이 되어야 한다." 그러시면서 "승부욕이 있어야 한다."라는 말씀으로 마무리하셨다.

    난 그때마다 "알았어요."라고 거듭 반복적으로 짧게 앵무새처럼 대답했다.

    지금에 와서 생각해 보면 '훌륭한 사람'하면 고관대작의 의미는 아니었다. '승부욕이 있어야 한다.'라는 의미는 주위 사람들과의 경쟁 관계가 아닌 나의 지구력과 인내심을 두고 극한 싸움을 한 것이었다.

무슨 일이든지 성공시키기 위해서는 지구력과 인내심을 갖추지 않으면 목적 달성을 할 수 없다는 뜻이었다.

우리는 성장하면서 잠재하고 있는 재능이 표출되기 시작한다. 물론 이 말을 뒷받침하고 있는 것은 학창시절에 수여하는 상장에 '타에 모범이 되어 이 상장을 수여함'이라고 쓰여 있다.

그러면서 보다 구체적으로 재능과 자질이 함양되어 적합한 직업군을 찾게 사회의 역군이 된다.

즉 스포츠 중에서도 팀워크가 중요한 축구 또는 개인의 심리와 싸움이 중요한 골프게임 등을 들을 수 있다. 그리고 예능 중에도 성악, 트로트, 타악, 관현악 등으로 세분화시켜 추구하게 된다.

요즈음 부모들은 자녀가 가지고 있는 성향과 소질이 무엇인가를 따져보지 않는다. 무조건 의사 또는 판사&검사, 스포츠, 예술 등 직업군부터 선택하여 강요한다.

부모는 이렇게 직업군에 대한 목표를 정해 놓고 오롯이 성공시켜야겠다는 욕망에 사로잡혀 있다.

그러다 보니 초등학교 시절부터 각종 전문학원에는 수강생들로 늘 만원을 이루고 있다.

결국에는 지원자를 다 수용하지 못해 선발 시험을 봐서 수강생을 뽑는다. 이 모든 것들이 부모의 욕망에 따라서 선택되고 자녀들은 이에 따라 성장해 가고 있다.

그러나 과연 부모의 희망에 따라 자녀는 추구하는 욕망에 따라 성장하는가? 욕망를 실현하는 접근방법 측면에서도 서로 다를 수 있다. 물론 접근방법에 따라 자녀가 묵묵히 받아들이고 행동하는 가는 또 다른 문제이다.

따라서 이 욕망이 서로 본인의 생각과 이질적이거나 접근방법에 있어서 현실적이지 못할 수 있다. 이런 경우에 그 결과는 어떠할까!

물론 적성이라는 측면을 또한 배제할 수 없다. 따라서 이러한 환경에 맞추어 인생에 있어서 웃을 수 있는 삶을 살아가느냐에 초점을 맞추어 살펴볼 필요가 있다.

PART 04
인생 초년기의 필요조건은 무엇일까?

사람은 생후 1개월에 이르러 겨우 약 50㎝ 거리의 사물을 볼 수 있다고 한다. 그런데 성격이 급한 엄마는 태반에 조용히 누워 있다가 세상 밖으로 나온 지 며칠이 채 되지 않은 아이에게 걸맞지 않은 행동을 한다.

머리맡에 세계지도를 붙여 놓는다거나, 그것도 부족하여 클래식 음악을 틀어주며 종일 보고 들으라고 종용한다. 아직 눈이 뜨이지 않아서 엄마 얼굴도 몰라보는 아이에게 세계지도가 눈에 들어오겠는가!

음악이 갖고 있는 안정적인 파동이 태아의 뇌파와 동조되어 음악은 정서적으로 태아의 뇌파 패턴을 바꾸고, 안정적인 환경에서 성장할 수 있도록 돕는 역할을 한다는 연구에 대하여 부정을 하는 것은 결코 아니다.

무엇보다 아이가 요구하는 때 그리고 좋아하는 것을 선택해 주는 것이 무엇보다 중요하다고 한다. 기지도 못하는 아이에게 신발 신겨주고 걸어보라고 한들 걸을 수 있겠는가!

그런데 우리는 아이의 생태에 맞추는 것이 아니라 맹종하듯이 사회적 관념 또는 풍토에 의존하여 엄마의 수준에 맞추고 있으니 말이다.

또한, 채 걸음마를 배우기도 전에 외국어를 가르치겠다고 몇 개의 학원으로 소위 뺑뺑이를 돌린다. 이렇게 해야 부모의 의욕에 맞춰 아이를 천재로 키울 수 있는지 모르겠지만 이런 미지의 현상도 벌어지고 있다.

유년 시기에 자연체험을 제대로 하면 「ELAN, 기백」이라는 성향이 형성되어 천재성이 형성된다는 E.Cobh의 천재에 관한 연구를 다시 떠올리게 된다.

우리 속어에 '도사가 되었으니 이제 하산해도 되겠다.'라는 말을 스스럼 없이 쓴다. 즉 '산속에서 자연과 함께 어떤 일에 있어서 갈고 닦아 깨달아 얻은 산물이 있어 경지에 이르렀다.'라는 뜻이다.

천재성은 다른 곳으로부터 얻어지는 것이 아니다. 즉 자연과 함께하며 성장하고 있는 삶에서 정신적으로 자연의 섭리와 어떤 교감 속에서 물질적으로 사연환경에 얼마만큼 익존하고 있는가를 생각하고, 이를 통한 의식이나 관념에 대한 정체성을 찾아가는 데에 의미가 있다.

우리 인간의 근본은 자연과 함께하고 있는 삶에서 정서적으로 자연의 환경에 얼마만큼 깊이 녹아 들어가고 있느냐에 달려있다.

이러한 중요한 시기에 학교 수업이 끝나기가 무섭게 이 학원 저 학원에 끌려다닌다. 인생에서는 살아있는 경험을 통해 창의력을 기르기보다는 획일화된 이론을 지식으로 배우는 것이 최선이라고 생각하고 있기 때문일 것이다.

그렇지만 이런 지식을 통해 모두 원하는 목적지에 도달할 수 있을까? 장래의 삶에 필요한 실제적 기본 소양을 기르기 위해서는 학습 자료가 풍부한 풀벌레가 울어대는 들판, 갖가지 생명이 공존하며 살아가는 산 숲, 생명이 살아 움직이는 계곡 등으로 안내되면 더없이 좋으리라고 생각된다.

PART 05
미쳐야 하는
이유는 무엇 때문인가?

    사람들이 많이 몰리는 일에 미치면 그만큼 경쟁이 심하다는 것도 고려해야 할 문제이다. 이는 마치 군중심리를 이용하여 목적 없이 막연하게 따라가는 것과도 같다. 요즘 글로벌시대에 경쟁력 있는 일을 찾기가 그렇게 호락호락하지 않다.

    그러나 분명한 것은 어느 일이든 미치면 결실을 볼 수 있다는 것은 불변의 진리다.
    니체는 이렇게 말하였다. "위대한 것은 방향을 결정하는 것이다." 미쳐야 하는 방향을 명확하게 해야 한다. 좋아하는 일에 미치거나 재능이 있는 일에 미쳐야 한다.

    과거에도 그랬듯이 어떤 일에 미치지 않으면 꿈속에 있을 뿐 그 어느 것도 구현할 수 없다. 꿈을 이루지 못한 여한은 특정인에게만 있는 것이 아니다.
    꿈과 비전 사이의 괴리는 자연스럽게 발생한다. 우리가 말하는 꿈은 실행이 구체화 되지 않은 장래의 희망을 의미하지만, 비전은 현실 속에서 구체적으로 장래를 위해 실행할 기획을 갖추고 목표를 달성하는 것이다.

　따라서 이루고자 하는 비전이 있다면 끝까지 인내심을 갖고 즐기려는 마음을 갖지 않으면 결코 좋은 결실을 볼 수 없다. 따라서 미쳐야 하는 이유는 명료하다. 그 무엇보다 즐거운 삶을 살기 위해서다.

PART 06
일을 찾아 허둥대다

마치 우리나라의 고도 경제성장과 일맥상통한다. 인간의 평균 수명을 80세로 볼 때 마흔을 기점으로 이전은 전반기 이후는 후반기로 나누어 볼 수 있다.

일반적으로 전반기에는 학업을 마치고 취업을 하여 중견 사원으로서 경제적으로 안정을 찾는다. 또는 결혼하여 아이를 낳아 한 가정을 꾸려 독립적 생활 기반을 잡아 자기 주도적인 삶을 갖는 시기이다.

어떻든 유년의 성장 과정을 거쳐 사회에 진출한 청년들의 실상을 들여다보자. 최근 청년들의 고소득과 편한 일자리를 선호하는 심리는 더욱 강해져 있다. 즉 쉽게 많은 돈을 벌기를 원한다. 이 말은 조금도 어색하지 않다.

최근 학교 커리큘럼은 일반적으로 급변하는 시대에 뒤따라가는 보수적 성향을 갖고 있다. 취업 준비를 하다 보면 전공과 상관없는 기술석인 분야까지 제대로 배워야 하는 시대이다.

따라서 일자리를 구하려면 코딩기술은 선택이 아니라 필수가 되어버렸다. 특히 IT는 특별한 전문가 영역이 아니라 첨단산업을 넘어 모든 산업 분야에 걸쳐 필수이다. 즉 이공계의 독점적 영역이 아니라 인문계열에서도 코딩기술은 피할 수 없다.

　필자가 얼마 전에 편한 자리에서 수도권 명문대학을 졸업한 30대 초반의 청년을 만난 적이 있었다. 점심을 함께하고, 가볍게 커피 한 잔을 하면서 많은 의미 있는 대화를 나누었다.
　이미 그는 11년간의 직장생활을 하는 동안 3곳의 회사를 경험했었다. 모두 실패한 이유가 달랐다.
　처음 들어갔었던 곳은 급여가 적었기 때문이었고, 두 번째는 업무에 흥미를 느끼지 못해서 그리고 세 번째 직장은 모두가 괜찮은데 다만 일이 너무 많아서였다고 한다.

　여기서 공통점을 찾아보면 「일에 중점을 두지 않고 단지 즐겁고, 편안한 직장을 원했던 것이다.」는 결론을 얻을 수 있다.
　그는 현재 1년 넘게 구직을 하지 않고 단순히 지친 마음을 회복하기 위해 「쉬었다.」라며 당분간 좀 더 쉴 것이라고 했다.
　물론 「쉬었다.」는 말은 일할 능력이 있음에도 아무런 일을 안 했다는 것이다. 급하게 취직해서 평생 불행하게 살아가지 않을까 하는 생각이 든다고 했다.
　필자는 이 말을 듣는 순간 걱정이 들었다. 이런 상태가 1년 넘어 2~3년 지나다 보면 근로 의욕은 떨어지고, 사회적 낙제자로 각인되어 심리적 위축이 더해져 불행이 깊어지지 않을까 우려되었다.

따라서 필자는 그 청년에게 힘을 돋아주기 위해 에디슨의 말 중에 "많은 인생의 실패자들은 그들이 포기할 때 얼마나 그들이 성공에 가까이 있는지를 모르는 사람들이다."라는 말을 건네고 자리에서 일어났다.

대기업 선호 및 여타의 풍토가 팽배한 탓이다. 그러나 이러한 사회적 분위기에 편승하기보다는 자신의 주체성을 먼저 찾는 것이 중요하다.
아주 흔히 쓰고, 듣는 말들로 고리타분하게 들리겠지만 오직 인내심을 가지고 조금만 더 나아간다면 성공을 얻을 수 있음을 굳게 믿고 도전하라고 권하고 싶은 생각이었다.

PART 07
은퇴 후의
진지한 삶을 위해서는

    현 사회는 초저출산과 초고령사회의 시대이다. 이러한 현상은 사회적, 문화적 측면에서 바라보면 하나는 부정적이고 하나는 긍정적으로 볼 수 있다.

    우리나라는 1960년대 초부터 고도성장을 시작했다. 이전에는 농업 후진국에서 1970년대 초에 통일미※가 개발되면서 어려웠던 보릿고개를 극복하였다.

    한편 1974년에는 대덕연구단지 조성과 함께 중화학공업시대가 펼쳐졌다. 이를 기반으로 제조업, 건설업, 서비스업에 이르기까지 선진국 대열에 진입하고 있는 상전벽해의 변화를 이뤄냈다. 세계 경제사를 통틀어 전례를 찾아보기 힘든 대단히 성공적인 성과를 얻었다.

    우리의 일대기를 보면 후반기에는 대부분 직장에서 중추적 역할을 열심히 하다가 60세 전·후반 직장에서 나오게 된다. 그 후 딱히 할 일이 없다.

    재취업도 생각같이 만만하지 않고, 한창 일을 통하여 자기계발에 진력해야 할 세대에 집에 있자니 마음도 편치 않다.

자연히 이러다 보니 퇴직금을 털어 자영업에 뛰어들어 보지만 그 또한 치열한 경쟁으로 인해 열에 여덟은 실패한다는 통계를 보기도 한다.
　그러다 보니 대리운전에 뛰어들고, 택시를 몰고, 60여 평생에 단 한 번도 해보지 않은 사람이 건설현장 일용직에 내몰리기도 한다. 자칫 어설픈 노동에 상해를 당하여 노년에 고생하기도 한다.

☻ 귀중한 30년을 어떻게 써먹어야 할까?

　우리에게는 사회적 은퇴라는 건 없다. 진정한 은퇴는 생산적 활동이 중지된 상태일 것이다. 젊은 시절 왕성하게 도색업에 종사한 후에 그림 그리는 일을 집에서 혼자 하고 있다면 은퇴라고 할 수 없을 것이다. 인생에 있어서 한 세대를 30년으로 본다. 길을 가다 보면 거리 곳곳에 빨간불로 인하여 걸음을 멈추어야 할 때가 수시로 일어난다.
　바쁠수록 지나가려고 하면 노란불이었다가 갑자기 빨간불로 더 자주 바뀐다. 물론 좀 기다리면 파란불로 바뀌어 가는 길을 열어주게 된다. 신호등은 물리적으로 질서를 유지하기 위한 수단에 지나지 않는다.
　자동차가 사람의 생명을 위협하는 사물이기 때문에 사고를 방지하기 위해 신호등이 필요하다. 그러나 만약 생명을 위협하지 않는 상황에도 신호등은 존재할까! 라는 생각을 해본다.

여기서 사고 또는 질병에 의한 죽음에 비추어 노쇠에 의한 죽음이라는 위협과 등치等値시켜 생각하기에는 좀 어색할 수는 있다.
그러나 이를 등치 시켜 생각해 본다면 죽음이라는 위협 때문에 멈춰 서있을 수는 없다. 다만 좀 쉬었다가 갈 수는 있다. 녹색 신호등이 시간에 맞추어 켜지듯이 우리에게도 때에 맞추어 갈 수 있는 길이 열려있다.

따라서 자신의 경험을 살려 철저히 준비한 끝에 소위 인생의 전반기보다 훨씬 값지고 알차게 성공하는 경우를 심심치 않게 본다.
분명 이런 사람들은 긍정적이고 적극적인 생각으로 무장되어 있을 것이다. 인생 후반기를 위해 철저하게 새로운 계획을 세워 도전의 발판으로 삼아 성공의 길로 이끌어 간다.

보편적으로 사람들은 다니던 직장에서 중간에 명퇴하면 방황하게 되고 정년에 은퇴하면 인생이 다 끝난 것처럼 생각하는 경향이 있다. 그러나 그것은 크게 잘못된 행동이며, 어리석은 생각이다.
인생길에는 신호등이 기다리고 있다고 생각해야 한다. 그리고 인생 전반기에 갈고닦은 실력을 살리거나 또한 자신이 지닌 능력으로 새로운 인생을 위해 힘차게 나아가야 한다.

"지금이 인생에서 최고로 값진 순간이다.", "멋진 인생을 지금부터 개척해 가야겠다."라는 굳은 각오가 발동해야 한다.

그뿐만 아니라 "아직도 나에게는 누구에겐가 전할 명함名銜이 남아 있다."라는 도전적 자세로 힘이 넘치는 창의적인 삶을 개척해야 한다.

다만 사회의 헌신 여부를 떠나서 생산적인 일에 동참하느냐, 아니면 수양을 위한 안위이냐는 다른 측면이 있다.

PART 08
실패의 존재는 무엇인가!

    부족하지 않은 가정환경에서 성장한 한치복(가명)은 유명대학까지 높은 점수로 입학하여 졸업도 우수한 성적으로 졸업한 선망의 우등생이었다. 물론 그는 단 한 번의 지원으로 20대 S회사에 합격하였다.

    그러나 그는 얼마 직장을 생활하지 못하고 퇴사하고 말았다. 본인의 적성에 맞지 않는 업무를 하다 보니 존재감을 느낄 수 없어서 어쩔 수 없이 나올 수밖에 없었다고 했다.

    문제는 여기서부터 일어나기 시작했다. 적성에 맞는 회사에 재취업을 하려는 생각은 있으나 3년째 찾지 못하고 있다. 이러한 현상은 왜 벌어지고 있을까?

    성장 과정에서 그는 정신적으로 '나의 실패는 잘못된 꼬리표다.'라는 고정관념에 빠져있어 능동적인 대처능력을 갖추지 못했던 거다.

    그는 공부 이외에 어느 경험도 해보지 못하고 사회의 우등생이라는 고정된 패턴에 갇혀있었기에 수동적인 생각에서 벗어나지 못했다. 즉 본인이 직접 찾기보다는 누군가가 우등생인 본인을 찾아주길 바란다.

실패를 모르고 살아온 사람들은 특이하게 문제가 발생하면 수동적인 행동 때문에 해결 능력이 떨어진다. 즉 사회에서 일어나는 일반적인 실패를 경험하지 못한 초년생들에게 나타나는 현상이다.

공자는 "가장 큰 영광은 한 번도 실패하지 않는 게 아니라 실패할 때마다 다시 일어서는 데에 있다."라고 말했다. 따라서 사회적 현실을 명석하게 깨우치지 못하면 심리적으로 위축되어 마음의 울타리를 치게 된다.

그뿐만 아니라 친구들과의 대화를 꺼림으로써 그들은 곁을 떠나게 된다. 나아가 그는 새로운 친구를 사귀거나 안정된 직업을 얻기 위한 어떤 전략이나 접근을 시도하지도 못했다.

물론 모든 사람이 실패하거나 그것을 배울 수 있는 것은 아니다. 만약 우리가 실패를 몰랐다면 우리는 현재 상황을 벗어나지 못하고 제자리에 머물러 있을 것이고 역시 미지의 탐험을 피하여 알려진 길로만 다닐 것이다. 그러나 이 세상에는 포기 이외의 실패는 실패가 아니라 오직 실패로 인해 창작된 부산물이 존재하게 되는 것이다.

세계 5대 규모인 다목적 소양강 댐이 약 5년 5개월에 걸쳐 건설된 배경에 관한 이야기다. 원래 일본 공영의 콘크리트 중력식으로 설계되있다. 그러니 흙과 돌로 만들어진 사력 댐으로 건설함으로써 1/3의 비용으로 완공을 하게 되었다. 이 공법은 누구도 해보지 않은 세계적으로 입증되지 않은 것이었다.

이 공법은 "무슨 일이든 할 수 있다고 생각하는 사람이 해내는 법이다." 라고 주장한 고故 정주영 회장을 수행하던 기사의 아이디어로 시작되었고 콘크리트댐 건설을 맡아 적자 폭을 어떻게 줄일지 고민하던 현대건설은 사력댐으로 변경하면서 오히려 흑자를 냈다.

그뿐만 아니라 현대건설은 서해안 간척지 물막이 공사가 실패의 기로에 있을 때 폐유조선을 이용한 이른바 '유조선 공법'이라는 새로운 공법을 이용해 공사 기간 단축 및 불가능을 가능으로 바꾸기도 했다.

이는 창의적 추진력이 성공의 비결이라 할 것이다. 분명한 것은 포기하지 않는다면 실패보다 성공의 확률이 높다.

2부
지혜로운 사람은 즐길거리만 찾는다

항해해 보지 않고서
풍파에 시달리는 고통을 어찌 알리오.

「3분, 인생을 바꾸다」 중에서/야촌 이청원

자신이 직접 경험해 보지 않고서는 다른 사람의 어려움이나 고통을 제대로 이해할 수 없다.
다소 이질적이긴 하지만, 이론이나 간접적으로 습득한 지식만으로는 복잡하고 다양한 실제 상황에서의 어려움과 복잡함을 온전히 이해할 수 없다. 따라서 진정한 이해와 배움을 기반해서 직접 체험하고 부딪혀서 얻는 가치가 훨씬 중요하다는 뜻을 담고 있다.

PART 01
호랑이도
길들일 수 있다

그렇다. 아리스토텔레스는 '인간은 생각하는 동물' 이라고 정의를 내렸다. 그 후 많은 학자가 다양한 근거를 들어 인간의 우월성을 주장하였다. 인간은 고도화된 언어를 쓰고, 도구를 사용하며, 정치적인 이유 등을 근거로 들어 만물의 영장이라고 한다.

코끼리, 낙타, 돌고래와 같은 포유류도 인간이 추구하는 방향으로 길들이면 순응하여 사람과 함께 하는데는 큰 무리가 없다. 심지어 맹수인 호랑이도 길을 들이면 사람과 함께한다.

그러나 미물微物은 길들일 수 없어 항생제로 생육을 억제하거나 백신으로 다스리려고 한다. 그런데 이 미물들이 항생제나 백신에 저항하여 새로운 생존을 위해서 보다 강력한 균주를 퍼뜨려 쉽게 다스릴 수 없다는 것을 코로나 19로 보여주었다.

즉, 미물은 인간의 힘으로 우리가 생각하는 방향으로 온순하게 길들일 수가 없다.

우리 인간이 소유하고 있는 재능은 선천적인 것보다 후천적 상상에 의한 지속적 훈련 속에서 점점 크게 육성되어 진다.

아나톨 프랑스도 말하였다. "안다는 것은 전혀 중요하지 않다. 상상하는 것이 가장 중요하다." 즉, 지금 얼마나 많은 것을 알고 있는 자체가 중요한 것이 아니라 알고 있는 것을 어떻게 활용할 것이냐가 중요하다는 것이다.

혹시 당신은 알고 있는 것에 안주하고 있지 않은가 확인해야 한다. 만약 안주하고 있다면 미래를 포기하는 거와 같다.
야생의 맹수도 반복적인 훈련으로 온순하게 바꿀 수 있듯이 우리의 생각이 아무리 편향적으로 경직되어 있다 하여도 유연하게 바꿀 수 있다. 이는 상상의 세계 속으로 빠져드는 훈련을 통하여 얼마든지 가능한 일이다.

당신은 지금부터 알고 있는 것들을 어떻게 활용할 것인가에 대해 상상의 영역으로 끌고 가길 바란다. 그 상상하고 있는 세상에는 무한한 경쟁이 도사리고 있을 것이다.
경쟁이 두려워서 들어가기를 머뭇거린다면 영원히 패배자가 될 것이다. 지금 당신이 무엇을 더 알려고 노력하는 것보다 실행하는 것이 무엇보다 중요하다.
'호랑이 굴에 들어가야 호랑이 새끼를 잡는다.'라는 사자성어 호혈호자虎穴虎子와 같이 경쟁에 뛰어들지 않으면 장래에 대한 기대를 포기하는 것이다.

만약 당신 스스로 알고 있는 것이 부족하다고 생각하면 완벽주의자이다. 세상에 완벽한 사람은 존재하지 않는다. 그야말로 이론적 추구일 뿐이다.

당신이 알고 있는 것에 만족하거나 불만족스럽다고 해서 안주하거나 좌절하면 미래를 불확실하게 만드는 것이다. 당신이 추구하는 횃불을 찾아 경쟁에 동참하길 바란다.

PART 02
나는
무엇에 미칠까?

우리는 일의 대가로 돈을 벌어 삶을 영위하게 된다. 일은 하는데 얼마만큼 부가가치가 높은 일을 하고 있느냐에 따라 삶의 질도 달라진다. 이 부가가치가 높고 낮음은 상대적 평가에 의한 것으로 곧 이에 따라서 삶의 질 자체로 이어지게 된다.

따라서 일을 하지 않고는 살아가지 못하는 사회구조 속에서 무슨 일이든 찾아서 해야 하고 찾아도 없으면 만들어서라도 해야 한다.

우리는 "일 복을 타고났다."라는 말을 자주 쓴다. 이런 말을 일반적으로 듣는 사람은 누구일까? 일을 창의적이고 독창적으로 성실하게 묵묵히 잘 해내는 사람일 것이다. 이런 사고를 소유하고 있는 사람에게는 반드시 일이 몰리게 돼 있다.

남들이 생각하는 이상으로 잘 해낸다는 것은 본인의 경쟁력이고 이것이 바로 부가가치를 창출하는 몸값이다.

그렇다면 남들이 생각하지 않은 창의력에 의한 실행이 있어야 가능한 것이지 어리바리하게 행동하면 불가능한 것이다.

다른 사람들이 가는 길을 뒤따라가는 팔로우가 되면 편한 길인 것 같다. 그러나 치열한 경쟁이 기다리고는 환경에서 결국에는 리더를 위한 관객 또는 응원자에 불과하다.

이러한 법칙은 회사에 다니는 직원이나 회사를 끌고 가는 사업가도 똑같이 적용된다.

그렇다면 과연 어떻게 일을 찾아야 할 것인가. 우리가 옷을 고를 때 무작정 유행한다고 해서 선동적으로 무모하게 선택하는 사람은 금방 싫증을 내고 내팽개친다.

그러나 냉정한 생각으로 구매한다면 내 몸에 맞고 입었을 때 어울릴 것이라는 확신이 있었을 때 비로소 돈을 지불한다. 그 말은 자기가 그 옷을 입었을 때 기대하는 만족도를 통한 부가가치를 찾는 것이다.

당신이 어떤 일을 선택한다는 것은 유행처럼 괜찮아 보이는 심리적인 것만으로 불충분하다. 그 일에는 다른 많은 사람 눈에도 좋아 보이기 때문에 도전하는 사람들이 많아 치열한 경쟁이 도사리고 있다. 만약 당신이 그 일에 도전하기 위해서는 남다른 창의적 무기를 들고 뛰어든다면 곧 승리할 수 있다.

주위에 그런 사람들을 심심치 않게 볼 수 있다. 얼마 전 코로나 19로 인해 마스크가 전 세계를 뒤집어 놓았을 때의 일이다. 많은 사업가가 기존 사업을 접고 이 사업에 편승하거나 사세 확장 차원에서 마스크 제조업에 뛰어들었다. 그러나 그 결과는 참담하게 투자에 실패한 기업들이 적지 않다.

특히 뒤따른 팔로우의 상황은 이루 말할 수 없는 금전적 손실을 가져다주었다. 이러한 사실은 사업가에게만 한정된 교훈이 아니라 직장인에게도 주는 교훈이 크다.

만약 당신이 무언가를 하고자 할 때 창의적 사고가 아닌 코스메틱(색조화장품)과 같은 일시적 유행의 관념에서 바라고 있는지를 다시 한번 확인해 보아라.

그리고 많은 사람이 몰려 있는 일을 분석해 봐라. 산업 측면에서 분석해 보면 많이 몰려 있다는 건 경쟁자가 많은 산업으로서 일반적으로 기술이 낮은 사업일 수 있다. 다시 말해 쉬운 일에는 경쟁이 심할 뿐 실속이 적을 수 있다.

☺ 사회적 풍토를 쫓아야 할까?

사회적 풍토에 얽매여 직업으로서 대기업만을 선호하거나 IT산업을 중심으로 한 사업이 잘된다는 소문만 듣고 획일적으로 뛰어들었다가 실패를 보는 사람들 또한 많음을 상기해 보아라.

무조건 생소하거나 유행처럼 몰려오는 것을 찾기보다는 자신이 좋아하고 잘하는 일 속에서 비전을 찾아야 한다. 개척은 처음 가는 길의 대명사이다. 남들이 가지 않은 길이라고 해서 갈 수 없는 길은 아니다.

생소하거나 유행하는 일이지만 누군가는 철저하게 준비하여 도전하고 있다. 유행처럼 몰려들어 다른 사람에게 블루오션이 된다고 해서 나도 편승할 수 있다는 착각은 버려야 한다. 당신이 준비되지 않았다면 자칫 레드오션이 될 수 있다.
    그렇다. 지금 하는 일이 영원한 블루오션은 아니다. 그 속에는 많은 경쟁자가 우글거리고 새로운 도전자는 생기게 돼 있다.
    따라서 늘 긴장하고 이것저것에 기웃거리기보다는 그 시간에 선택한 일에 몰두해서 그 분야에 최고의 전문가가 되어야 한다. 그렇지 않으면 갖고 있던 자리마저 빼앗기게 된다.

그러기 위해서는 항상 창의적이고 독창적인 사고를 갖지 않으면 경쟁력을 상실과 함께 바로 부가가치를 창출해야하는 몸값은 추락하고 마침내 도태하고 만다.
    그러나 그 분야의 제너널리스트 또는 프로패셔널이 되면 웬만큼 경쟁이 치열해도 살아남을 수 있다. 또 한편 이들은 스스로 블루오션을 창작해 낼 수 있는 능력을 갖추게 된다.

PART 03
가장 싫어하는 일을 찾아라

사과 상자에서 양호한 사과를 찾기 위해서는 썩은 것부터 골라내게 된다.

따라서 가장 좋아하는 일을 찾기 위해서는 가장 싫어하는 것부터 찾아서 배제하는 것이다. 누구나 싫어하는 일을 하면 당연히 성과물이 결코 좋을 수 없다.

앙드레 지드는 "해안에서 멀어지는 것을 감수할 수 있는 용기 없이는 새로운 바다를 발견할 수 없다."라고 말했다. 배는 바다에 떠 있다고 해서 스스로 항해하는 것이 아니라 노를 저어야 비로소 앞으로 나가는 것이다.

그렇다고 해서 무작정 노를 저을 수는 없다. 탈 없이 항해하려면 바다에 대해 잘 알아야 하는 법이다. 이처럼 험한 바다에 나갈 때는 충분한 창의적 사고와 전략이 있어야 목적지에 도달할 수 있다.

무모하게 원대한 꿈만 갖고 있다고 해서 항해할 수는 없다. 그러나 좌절하고 정박 된 배만 바라보고 있을 필요는 없다.

다만 당신이 성공을 꿈꾸고 사전에 잘 아는 항로를 설정하였다면 승부를 걸어야 한다. 포기하는 순간 당신은 심리적 싸움에서의 실패로 인한 공황에 빠지게 된다.

결단코 현실에 안주해서도 안 된다. 당신은 남달리 특별하게 가지고 있는 달란트가 없다고 생각하는가? 만약 없다고 생각하면 당신 스스로 적극적으로 부정하는 것이다.
분명하게 어딘가에 대단하고 훌륭한 재능이 숨어있는데 찾지 못했기 때문에 발견하지 못했을 뿐이다.

지금 우리는 하루가 다르게 진화하고 급변하는 사회에 살고 있다. 언제 경쟁자로부터 추월당할지 모르는 환경에서 주저하거나 안주할 시간적 여유를 누릴 수 있을 만큼 상황이 녹녹하지 않다.
끊임없이 스스로 채찍질하고 변화를 시도해야만 성공할 수 있다.
성공하기 위해서는 좋아하는 일을 선택해야 확률이 높은 것은 당연한 일이다. 소유하고 있는 재능에 불씨만 붙여도 흥미가 가속화되어 훨훨 타오르게 돼 있다.

자연스럽게 흥미를 갖고 즐기는 일이 바로 본질적인 재능으로써 그 일에 대한 성취감이 매우 크기 때문에 자신도 모르게 미치고 만다.
반면에 재미없는 일을 보면 하고 싶은 의욕도 없을 뿐만 아니라 그에 따른 성취감도 떨어져 역시 몰입하지 못하여 그 결과물은 미천할 수밖에 없다.

그렇다고 해서 늘 우리가 하고 싶은 일만 하면서 살 수는 없다. 또는 싫어하는 일을 피해 기다리면 좋아하는 일이 찾아올 것이라는 기대감은 너무나 막연하다.

처음에 내키지 않는 일이라는 선입견으로 소극적으로 임했지만 적극적 사고를 발휘하여 일하다 보면 천직이라고 느껴서 성공했다는 사람들이 열거하지 않아도 주위에서 많이 볼 수 있다.

누구나 적성에 맞춰 일하고 있다고 생각하지는 않는다. 특히 직장에서 적성에 맞지 않는 업무를 하는 직장인은 싫어하는 일을 하면서 하루하루를 지겹게 보내는 경우가 일쑤다. 그러다 보면 중도에 탈락하여 본래의 꿈을 이루지 못하는 사람들이 적지 않다.

그렇다. 누구에게나 좋아하는 일과 싫어하는 일은 존재한다. 그것이 바로 사람이 잠재적으로 가지고 있는 기본적인 재능인 것이다.

당신은 지금 당장 어떤 것을 가장 좋아하여 미칠 수 있는 자신이 있는지 찾아보아라. 아니면 가장 혐오하여 쳐다보기도 싫은 일이 무엇인지 의식적으로 실체를 찾아 열 가지씩 리스트를 만들어 선정하고 이유를 생각하면서 O와 X로 확인해 봐라.

같은 리스트를 갖고 반복해서 3회 이상 확인해 보면 자연스럽게 구체적으로 싫어하는 일이 무엇인지 나타난다.

이는 싫어하는 일의 순서를 정함으로써 적성에 맞는 최종적인 일을 선택하기 위한 전략이다.

조엘 로스이 말이다. "전략이 없으면 갈 곳을 잃은 떠돌이와도 같다."라고 했다. 가야 할 목적지를 찾지 못해 여기저기 기웃거리기만 하고 전략이 없다면 반겨주는 사람이 없는 것은 당연하다.

PART 04
실패의 보상은 무엇인가?

어떠한 성공이든 그 생산물에는 모두 가격이 따라온다. 땀 흘려 생산한 산물이 시장에 나와 상대성에 의해 물건값이 다양하게 정해진다. 어떤 것은 저렴하고, 어떤 것은 상상 이상의 가격표가 붙어있다.

그렇다면 실패라는 산물은 가치가 없는가! 결론은 그렇지 않다. 실패는 성공의 길로 가는 길목에서 나타나는 현상이고 결과물이다.

누군가는 위험요소로 받아들일 것이고 누군가는 성공의 디딤돌로 활용할 것이다.

이론과 공식이 정립된 수학 문제 풀이에서도 틀린 답을 산출하고 이에 대한 반복적 실패를 막기 위해 오답 노트를 이용한다. 이 노트에는 푸는 과정에서 틀린 이유와 대책을 명확하게 기록하여 또다시 틀리지 않도록 한다.

실수는 정립된 상황에서 나타나는 현상이나 실패란 누구도 가보지 않은 길을 처음 가보는 개척의 길에서 일어나는 산물이다.

따라서 그 산물은 매우 소중한 가치를 갖는 것으로 과정과 실패 요인에 대한 상세한 기록은 가치가 있다. 당신만이 실패하거나 실패하는 것을 배우는 것은 결코 아니다.

만약 당신이 새로운 미지의 세상을 향해 도전하지 않는다면 그 무엇도 실패할 이유가 없고 현재 상황에 머물러 있게 될 것이다.

그러나 분명한 것은 지금 누군가는 탐험 정신을 가지고 새로운 상상력을 끊임없이 발휘하여 도전하고 있다. 이러한 도전 속에는 크고 작은 실패가 무수히 존재한다.

이런 도전자에게는 오직 실패로 인하여 만들어지는 동기만 있을 뿐이다. 반면에 당신이 현재 상황에 머물러 있다면 언젠가 도전자에게 뒤 쳐지게 되는 것은 분명하다. 따라서 세상에는 쓸모없는 실패는 없으니 도전자가 되길 바란다.

전문가 그룹 중에 제너럴리스트를 인문계라고 하면 이공계는 스페셜리스트라고 할 수 있다. 이들은 서로 일을 바라보는 방향이 다르기에 추진하는 방식이 다르다.

이공계는 가시적 즉 눈으로 보이는 산물로 결과를 말하기 때문에 입증에 의한 사실을 추구한다. 반면에 인문계는 우리 삶의 상호 관계를 이어가는 상징적이고 심리적인 가치를 표방한다.

😊 당신은 스페셜리스트인가 제너럴리스트인가?

　스페셜리스트와 제너럴리스트는 일을 추종하는 방식이 다르기에 서로 존중하지 않으면 하나의 목적을 향하여 함께 하지 못한다.
　 필자가 왜 뜬금없이 이 말을 꺼내나 궁금할 것이다. 당신이 추구하는 이상이 스페셜리스트지 아니면 제너럴리스트인지에 따라 접근하는 방식이 다르다는 것이다.
　따라서 사회는 한쪽만 추구하는 구조가 아니라 혼재된 상황에서 균형 있는 사회로의 발전을 추구한다. 물론 이 전문가 반열에 오르기까지는 수많은 경험과 실패를 거쳐야만 한다.

　만약 당신에게 일어났던 실패의 과정이 모두에게 알려진다면 우리는 당신의 경험을 이어받아 어떻게 개선할 수 있는지를 배울 수 있게 되는 것이다.
　당신에게는 실패라는 부정적 의미를 안겨 주었다고 할 수 있으나 우리에게 한편으로는 배울거리를 주는 것일 수도 있다.

　과감하게 도전하여 실패한 당신에게 응원과 찬사를 보내고 싶다. 반드시 움츠리거나 의기소침하지 않기를 비리며 스스로 다음과 같이 마음을 다잡았으면 한다.

당신의 실패는 새로운 성공을 위하여 과거와 같은 반복적 실패를 막기 위한 오답 노트로 활용될 것이다. 따라서 그 실패가 당신 삶의 마중물로서의 가치가 아니라 그 이상의 가치실현을 위한 당신만이 간직하고 있는 소중한 자산이 될 것이다.

첫째, 나는 모든 것을 인정하고 책임진다. 그러나 실패한 것은 사실이고 실행 과정이 잘못되었다.
  ○ 실패했다는 것을 인정한다.
  ○ 실패의 결과에 대한 책임을 진다.
  ○ 과정에 따른 행위에 대한 책임을 진다.

둘째, 나는 많은 것을 가지고 있다. 따라서 나는 성공을 눈 앞에 두고 있다.
  ○ 많은 경험에 따른 재능을 갖추었다.
  ○ 피하거나 극복할 수 있는 창의력을 보유하고 있다.
  ○ 능동적인 대처방법을 알고 있다.

셋째, 나는 많은 것을 볼 수 있다. 독수리의 눈을 갖고 있다.
○ 같은 실수를 피할 수 있는 재능을 가지고 있다.
○ 실패를 새로운 길로 바꿀 수 있는 안목이 있다.
○ 문제의 위기를 동기로 해결할 능력을 겸비하였다.

넷째, 나는 새로운 도전에 흥미를 갖고 있다. 실패를 통한 성공의 희열을 맛보았기 때문이다.
○ 도전의식을 가지고 반드시 성공이 기다리고 있다고 믿는다.
○ 창의적 도전을 해야 발전한다고 믿는다.
○ 준비한 것을 포기하면 실패보다 여한이 많다.

PART 05
바보와
지혜로운 사람은

　삶의 지혜란 경험이 풍부하거나 세상의 이치나 도리를 잘 알아 일을 바르고 슬기롭게 처리하는 정신적 영역을 말한다. 즉 일을 처리하는데 어떤 수단으로 그 목표를 달성할 것인가를 기획하는 것이다.

　우리는 지혜로운 사람의 반의어로 천치天痴라고 한다. 즉 어떤 상황에서 과도한 방어나 조심스러움으로 인해 삶을 무료하게 흘려보내거나 도전해야 할 때 적극적이지 못하여 스스로 삶을 무력화시키는 사람을 일컫는다.
　사리판단에 있어서 슬기롭지 못하고 어리바리하게 둔한 사람을 말한다.

　바보는 일반적인 유의어로 정상적으로 판단을 하지 못하고 어리석고 멍청한 생각과 행동을 하는 바보를 일컬어 말한다.
　그러나 필자는 지혜로운 사람이 곧 요염하게 표현하여 바보라고 본다. 즉 여기에서의 바보는 어떤 일을 하면서 지극히 순수하거나 긍정적 측면을 갖고 있다.

　미래에 닥쳐오지 않은 문제까지 억지로 만들어 과도하게 심각한 상태로 유인하여 고민하지 않고 현재 사실을 긍정적 태도로 바라보는 것이다.

영국속담에 "어린이와 바보는 진실을 말한다"라는 말이 있다. 즉 사회의 현실적 통념에 의존하여 행동하지 않고 자신이 가지고 있는 순수한 양식과 통찰력에 의한 판단을 말한다.

미국의 웹스터 사전은 지혜를 세 가지 유형으로 분류하고 있다. 그중에 "첫째는 학습을 통하여 축적된 철학과 과학적 지식이고, 둘째는 내재된 질과 관계를 가려내는 통찰이다. 그리고 지혜롭다는 것과 똑똑하다는 것이 같지 않다고 판단하거나 분별하는 것이다."라고 기술되어 있다. 이처럼 표면적으로 천치天痴와는 크게 다른 점이 있다.

표면적으로 나타나는 어리바리 한 미치광이 같은 사람과 지혜롭거나 똑똑한 사람을 구분하여 판단하는 것은 뒤로하고 내재하고 있는 부분에 주목해 보자.

묵묵한 끈기 있는 행동에 주목해야 한다. 동양철학에 '지혜를 좋아하지만 배움을 멀리하면 그 폐단은 방탕해지는 것이며, 알고자 하는 것을 좋아하되 배우기를 좋아하지 않으면 그 폐단은 허황된 것이다.'라고 했다. 요즘 비속어로 '공짜가 어디에 있냐'와 같은 말이다.

따라서 지혜와 지적 활동의 능력 즉 지능을 가르는 결정적인 차이점은 지혜의 통찰력과 지능의 유효성을 갖추고 있느냐에 달려있다.

어리바리한 사람보다 순수하고 진정한 바보를 원하는 시대이다. 사회의 현실적 통념에 의존하여 행동하지 않고 자신이 가지고 있는 지식과 통찰력에 의해 판단할 재능을 갖춰야 한다.

PART 06
시간은 모든 것을 먹어 치운다

우리 인간의 삶도 각자 한 편의 연극과 같은 예술적 가치를 갖추고 있다. 드라마에 핵심적 메시지가 없다면 가치가 추락하듯이 우리의 삶에 있어서 중요한 시기를 놓이면 회복하기 어렵다.

르네상스 인문주의의 정점에 등장해 서양세계의 예술, 과학을 변화시킨 마키아벨리, 미켈란젤로, 단테 등은 주어진 시간을 어떻게 관리하였을까?

로마제국의 중심지였던 고대 유럽문화의 핵심 고대역사를 가지고 있는 이탈리아의 속담에 "시간은 모든 것을 먹어 치운다"라는 속담이 있다.

과학과 예술은 경계선이 분명하지 않다. 예술의 본원은 기술과 같은 본질을 갖고 있다는 뜻이다. 어떤 사물을 제작하는 것은 기술능력이지만 예술적 가치를 부여한다.

예술은 개성이 그 본질적인 요소를 이룸으로써 극히 개성적이다. 그면서 보편적인 표현을 실현한 것이 뛰어난 예술작품이라 할 것이다. 과학은 보편적인 진리나 법칙의 발견을 목적으로 한 체계적인 지식을 말하는 것이다.

개성적이면서 보편적인 표현하는 예술과 보편적인 진리나 법칙의 발견하는 과학은 모두 보편적 사실을 밖으로 표출시키는 것이다.

😊 과학은 특정인의 독점영역인가!

과학은 학문적 영역으로 실현세계의 사실을 통하여 진리를 파악하려는데 있다. 그렇다면 예술작품은 작가의 상상력 속에서 독립적 세계를 형성하고 실현세계에서 어떤 의미의 한계적 상황을 구체화하는 영역이다.

이러한 영역 속에서 미켄란젤로, 갈릴레이 갈릴레오, 마키아벨리, 등은 과학과 예술영역을 자연스럽게 넘나들었다. 그들이 그럴 수 있었던 것은 한순간도 놓치지 않고 자신들이 가지고 있는 달란트를 연마하는데 평생 미쳐있었다고 할 것이다.

예술 활동은 현실이 아닌 가상의 세계 속에서 창작된 것으로서 창작자의 개인적 사고에 의해 이루어진다.

따라서 그들의 상상적 미지의 공상에 빠져있지 않았다면 아마 그들은 우리들의 기억에서 멀어졌을 것이다.

예술은 동양에도 고대부터 사대부가 필수적으로 갖추어야 하는 소양중 하나로서 융성하게 존재하였다. 인간의 결실을 얻기 위한 기초 교양의 씨를 뿌리고 인격의 꽃을 피우는 수단으로 여겼던 만큼 예술을 중요하게 생각했다.

이를 통하여 만물의 세계를 바라보며 자신의 인격도야는 물론 글로 표현하거나 그림으로 표현하면서 많은 창의적 아이디어를 창출해 문명의 발전을 견인하였다.

😊 인문학과 이공학의 경계점은 어디일까!

인격 수양에서 뛰어난 능력의 여부를 판단할 때 육예六藝(6가지 의례)를 얼마만큼 겸비하고 있는가를 기준으로 삼았다.

여기에서 육예란 예禮, 악樂, 사射, 어御, 서書, 수數로서 요약하면, 일반적으로 일정한 과제를 해결해 낼 수 있는 능력 또는 활동의 재능을 의미한다.

따라서 인문학과 이공학 그리고 문文과 술術 모두가 상호연계 활동으로서 명확한 경계점이 없이 서로 혼재해 있으며, 상호 보완재로써 필요 충족조건으로 작용하고 있다.

괴테는 '과학은 시로부터 탄생했다. 시대가 변하면 과학과 시는 더 높은 수준에서 친구로 다시 만나게 될 것이다' 즉 과학은 시詩로부터 탄생한다고 했다.

근대에 자아의 확립과 근대 사회의 발전에 따라 표현양식이나 산업기술이 더욱 다양화되면서 한층 복잡하고 세분되어 가고 있다.

따라서 당신도 이에 잠시라도 게을리하여 이에 편승하지 못한다면 뒤처지는 것은 자명하다.

지나가고 허비한 시간을 그 누구도 되돌리거나 되찾을 수 있는 능력을 갖춘 사람은 세상에 존재하지 않는다.

이 순간 어떤 사람은 시간을 쪼개서 쓰는 사람이 있는가 하면 어떤 사람은 잠자리에서 일어나지 못하고 비몽사몽하여 중요한 시간을 먹어치우는 사람도 있다.

과연 당신은 지금 어느 유형으로 시간을 관리하고 있는가? 만약 비몽사몽 중에 있다면 당장 일어나 부지런히 적절한 시기를 포착하기 위한 행동으로 옮겨라.

계기는 행동의 효과가 가장 크게 나타나는 순간이기 때문에 이를 놓치게 되면 당신에게 오는 기회가 아니다. 그 순간를 포착하였다면 시너지를 극대화하기 위해 부지런히 행동으로 옮겨야 한다.

PART 07
왜 명함에 집착하는가?

생물은 성장환경에 따라서 좋은 토양 즉 옥토에서 충분한 영양분을 빨아먹고 밝은 햇살을 받으며 자란 경우와 그렇지 못하고 오염되거나 불모지 등에서 자랐는지는 결실로 말해 준다.

그러나 그 무엇도 어김없이 된서리와 한파가 몰아닥치면 하나의 일대기를 마치게 된다. 그 결과 곡식은 물론 과실도 그러할 것이고, 뿌리식물도 굵기와 빛깔 등으로 성장 과정과 결실을 말한다.

요즘에는 반려동물들도 인식표를 부착하거나 인식 칩 등을 삽입하는 등 다양한 명함을 몸에 지니고 살아가고 있다.

과연 우리가 사용하는 명함名銜의 의미는 무엇이며, 가치는 어떠할까!「**이름명(名)** : 성 다음에 붙여 다른 사람과 구별, **재갈함(銜)** ; 사람이 말을 부리기 위해 입에 물리는 막대」의 뜻을 갖은 단어의 합성어로 우리가 쓰고 있는 명함의 상징적 의미를 내포하고 있다.

즉 직업이나 신분 등을 자신의 이름에 붙여 'B회사 대표 아무개', 'T회사 영업부장 아무개'라고 하면 이른바 이름과 신분 등을 등치 시킨 것으로서 이를 명함이고 한다.

따라서 자신의 정신적 또는 육체적 경제활동 및 노동행위를 어떤 직업과 직분에 구속시키는 양태를 표현한 것이라 할 것이다.

그렇다면 우리는 삶에 있어서 무엇에 구속되어 어떻게 표현하며 살아가고 있을까! 인터넷 큐알코드(QR-cord)를 활용하거나 개인 유튜브 등 다양한 표현방법이 있겠으나 그중에 전통적이고 대표적 표현방법 중 하나가 카드 형태의 명함이다.

현대사회를 살아가고 있는 우리는 누구나 몇 개의 명함을 갖거나 가져보았을 것이다.

각자의 성향 및 능력에 따라 앞뒷면에 과거에 무슨 행위를 했고, 지금은 무슨 일을 하고 있다고 자랑삼아 빽빽하게 새긴 사람도 간혹 보게 된다.

아마 이런 사람들은 자신의 특정한 신념보다는 경험과 노력을 외부로부터 인정받길 원하거나, 과거의 경험을 통해 상대에게 영감을 줄 수 있음을 믿게 하고 싶은 욕구가 강한 사람들일 것이다. 이처럼 이력서처럼 새긴 명함은 과연 자신이 의도한 대로 인정과 신뢰를 받고 있을까에 대한 의문은 남는다.

그러나 한편 직장에서 자신의 전문성과 캐릭터를 갖고 오랫동안 근무하고 퇴직한 사람들이 있다. 이들은 한 시절 명함 한 장에 녹아든 애환愛還으로 점철된 삶에 대한 그리움은 당연히 클 것이다.

이들은 일에 대한 욕구와 외적 존재가치에 대한 표현이 절실하기 때문일 것이다. 아무튼지 누구나 명함이 없다는 건 은퇴를 의미하기 때문에 이에 대한 애착을 갖게 된다.

따라서 나이가 들어 생산 활동에 한계점을 느낄 때 더욱 자기 이름에 재갈을 물리기를 원한다.

그렇다면 과연 명함의 가치와 역할은 어떻게 달라질까?

명함은 경제적 노동행위가 아닌 각종 창작을 포함한 연구 및 각종 재능봉사 등 정신적 생산 활동에 귀속되어 있다면 현직에 있는 것이다. 따라서 그 일에 대한 책임과 권한의 지배역량에 따라 명함의 가치는 달라질 것이다.

명함의 가치가 상실되는 시점은 일정한 나이에 의한 것이 아니다. 그 시점은 특별한 활동에서 벗어나 있거나 누군가 필요해서 불러주는 사람이 없으면 자연스럽게 은퇴하였다고 할 것이다.

우리 인간도 상황에 따라 변한다. 우리는 보통 대수롭지 않게 어떤 일에 몰입하고 있으면 [너 미쳤니!]라는 말을 쓰기도 하고 듣기도 한다.

이 말에 대한 의미에 대하여 돼 새겨보자. 특히 흉금 없이 지내는 사이에서 일반적 수사로 쓰는 말이다. [미쳤다]라는 말은 주위의 상황에 동요되거나 남의 말에 아랑곳하지 않고 자기가 하는 일에 흥미를 갖고 즐기면서 그 무엇인가를 찾아가고 있을 때 듣게 된다.

무엇이 좀이라도 부족하거나 어려우면 얻고 헤쳐나가기 위한 길을 찾아간다. 이 길을 찾는 속에서 좌고우면하지 않고 몰입함으로써 기대 이상의 결과를 성취거나 창의적 생각으로 공상의 세계에 몰입된 사람에게 흔히 쓴다.

우리가 어렵고 익숙하지 않은 옛말을 하나 들어보면 '큰 뜻을 품은 사람은 사소한 일이 방해되는 것이 없다.

그런데 요즘에는 큰 뜻을 품은 사람은 작은 일을 대할 때 조심하거나 깊이 생각하지 않고 마음 내키는 대로 함부로 한다'라는 말이 있다.

즉 어떤 목표나 경지에 오르기 위해서는 반드시 작은 일부터 미쳐야 목적 달성을 할 수 있다. 과거의 삶이 만족하지 못했다는 사람들은 단적으로 어떤 일에 제대로 미쳐보지 못했기 때문일 수 있다.

자기가 가지고 있는 재능에 대하여 성공확률을 높이기 위해서는 좋아하는 일을 선택해야 한다. 그래야 불씨만 붙이면 훨훨 탈 수 있는 것은 당연한 일이기 때문이다.

자연스럽게 흥미를 갖고 즐기는 일이 바로 본질적인 재능이다. 즉 좋아하는 일을 함으로써 잠재의 기질을 발휘하여 최대의 성과를 얻을 수 있다.

따라서 그에 대한 성취감이 크기 때문에 자신도 모르게 그 일에 미치고 만다. 반면에 흥미롭지 못한 일을 하면 의욕 및 성취감이 떨어져 그 일에 몰입하지 못하여 결과물이 미천할 수밖에 없다.

이러한 양면성의 현상은 일상에서 예측했든 못했든 누구에게나 순간 찾아오게 된다. 즉 성공확률을 높이기 위해 어느 하나를 '선택'해야 하는 갈등을 갖게 된다.

갈등은 좌우로 서로가 상반되는 현상이 동시에 존재하는 미지의 상황으로 어떤 행동을 선택할 때 곤혹스러운 현상으로 나타나는 정신적 작용이다.

문명의 핵심에는 지속 가능한 발전과 삶의 질 향상이 포함된다. 인간의 본성에 부합하는 가치를 중시하며 새로운 기반을 구축하는 것이 중요하다.

새로운 문명을 구현하는 데에 있어서, 절대적으로 필요한 당신의 고귀한 재능을 찾아가는 과정을 살펴본다. 새로운 문명의 시작은 당신의 공상력과 혁신하려는 데에서 출발하며, 이로 인해 미래에 대한 열정과 희망을 안겨 줄 것이다.

한해살이 꽃도 열매를 맺는데
만백년 인생에 맺지 못할까
걱정할 이유없다.

「3분, 인생을 바꾸다」 중에서/야촌 이청원

3부
차마설 借馬說

갈대는 바람과 함께할 때 우아해지고
바람은 벌판을 지나며 자신의 기량을 드러낸다.

「3분, 인생을 바꾸다」 중에서/야촌 이청원

갈대는 바람에 의해 흔들린다는 건 서로의 존재를 인정하고 받아들이며 화합을 이룬다, 갈대와 바람 사이에는 '사그락' 소리를, 바람은 벌판을 지날 때 '휘파람' 소리를 낸다. 서로 거부하거나 그 어떠한 갈등을 일으키지 않고 오롯이 받아들인다. 서로의 존재를 통해 각자의 아름다움과 능력이 발휘된다.
우리 현대인이 성숙 된 삶을 살아가는데 자연과의 관계뿐만 아니라 인과관계를 넘어 모든 만물과의 상호 교감작용에 있어서 교훈적 가치가 드높기에 '차마설'을 소개하고자 한다.

PART 01
차 마 설

본 수필은 목은牧隱 이색李穡선생의 아버지인 이곡李穀선생이 말을 빌려 탄 경험을 통해 「소유所有」에 대한 깨달음을 제시하고 올바른 삶의 태도를 지적한 교훈적 관념에서 집필하였다.

이곡선생이 일상의 「사실」로써 말을 빌려 탄 경험을 통해 말의 상태에 따라 다루는 사람의 태도가 달라지는 것에 대하여 설명하고 「의견」에서는 이러한 심리 변화가 자신이 소유한 것에 대해서는 더욱 극심할 것이라고 지적하면서 소유에 대하여 일반화하고 있다.

「사실」이곡선생은 집이 가난하여 말이 없어서 빌려 타는데, 말이 약하고 둔하여 걸음이 느리면 비록 급한 일이 있어도 감히 채찍질을 가하지 못하였다. 조심조심하여 넘어질 것 같아서 개울이나 구렁을 만나면 내려 걸어가게 되었다.
준마로서 잘 달리는 말에 올라타면 의기양양하게 마음대로 채찍질하여 고삐를 놓으면 언덕과 골짜기도 평지처럼 보이니 심히 장쾌하였으나 어떤 때에는 위태로워서 떨어지는 근심을 면치 못하였다.

「의견」 사람의 마음이 옮겨지고 바뀌는 것이 이와 같을까? 남의 물건을 빌려서 하루아침 쓰는 것도 이와 같다. 그러나 사람이 가지고 있는 것이 어느 것이나 빌리지 아니한 것이 없다.

임금은 백성으로부터 힘을 빌려서 높고 부귀한 자리를 가졌고, 신하는 임금으로부터 권세를 빌려 은총과 귀함을 누리며, 아들은 아비로부터, 지어미는 지아비로부터, 비복[3] 婢僕(계집종과 사내종을 아울러 이르는 말)은 상전으로부터 힘과 권세를 빌려서 가지고 있다.

그 빌린 바가 또한 깊고 많아서 대개는 자기 소유로 하고 끝내 반성할 줄 모르고 있으니, 어찌 미혹[5] 迷惑(무엇에 홀려 정신 못 차리고 헷갈리어 갈팡질팡 함)한 일이 아니겠는가? 그러다가도 혹 잠깐 사이에 그 빌린 것이 도로 돌아가게 되면, 만방萬邦의 임금도 외톨이가 되고, 백승[6] 百乘(수레가 백대 있음을 의미함)을 가졌던 집도 외로운 신하가 되니, 하물며 그보다 더 미약한 자야 말할 것이 있겠는가?

그렇다. 차마설의 요지는 정작 순수하게 내 것은 없고 모든 것은 빌린 것일 뿐이다. 세상의 부귀는 물론 권세도 본래부터 소유한 것이 아니라 누군가에게 빌린 것이다.

그런데 세상 사람들은 이를 망각하고 마치 자기 소유인 것처럼 생각한다는 것을 지적하고 있다. 즉 인간의 심리적인 자의적 야망의

---

2) 지혜와 용기가 뛰어나고 기개와 풍모가 있는 사람
3) 포은圃隱 정몽주, 야은冶隱 길재 등의 스승임

변화 속에서 그릇된 소유 관념에 대해 비판한 것이다.

부귀 권세에 개의하지 않고 우리 인류에게 시사하는 교훈으로 더더욱 자연은 물론 만물이 개인의 소유가 아님을 역설해 주고 있다.

글을 맺으며

우리는 사회에 진출할 때 '입신立身한다'라는 말을 쓴다. 이는 인류가 존재하는 사회에서 구성하는 일원으로서 자신의 '질 높은 행복한 삶'을 추구하기 위해서이다. 그러기에 공동체 안에서 공존하며 삶의 영위를 위하여 자신을 밖으로 드러내는 것이다. 이때 '질 높은 행복한 삶'은 심리적인 면과 외형적 측면은 물론 다르다. 이는 외형적 현상을 통하여 심리적 만족을 느낄 때 행복한 삶이 실현되는 것이다. 물론 인간의 욕구는 계량할 수 없을 만큼 무한하다. 그러기에 문명은 발전하게 된다.

따라서 대부분 외형적 측면을 중요시한다. 누구나 단어적으로는 사회에 진출할 나이가 되면 일어선다. 즉 '입신立身을 한다. 그러나 진정한 의미는 사회에서 자신의 가치를 세우고, 주위로부터 인정을 받는 것을 의미한다. 이는 물리적인 것뿐만 아니라 인격과 능력을 갖추어 자신이 속한 공동체나 사회에 긍정적인 영향을 미치는 것이다. 분명한 건 자아실현과 동시에 사회적 역할을 다하는 삶의 자세를 요구하게 된다. 따라서 '입신 立身한다'의 의미는 실행한다는 거다. 즉 행위로서 의무가 아닌 권리로서 자신이 추구하는 목적을 성취하기 위해 찾아가는 것이다. 이에 따라 공존의 집단에서 성취한 권리를 통하여 산출된 결과가 바로 사회에 공헌이 담겨 있는 것이다.

 찰나를 포착하는 것이 운이라면 성공 여부는 당신의 실행 강도에 달려있다. 모든 것을 운에 맡기고 대충해도 성공의 길로 이끌어 갈 것이라는 생각은 결단코 성립하지 않는다.

 이는 자신이 추구하는 심리적 요구에 따른 지혜로운 고수高手의 삶을 살아가기 위해서이다. 미치기 위해서는 먼저 그 일에 대한 흥미를 갖게 되면서 열정과 시간을 쪼개 쓰는 행동력이 필요하다. 그러면서 남다른 창의력을 유도하여 새로운 동력을 찾아 성공으로 연결시킨다.

삶을 가치 있게 사는 사람들의 특징을 보면 노동과 여가, 공부와 휴식 등을 명확하게 구분하려고 하지 않는다.

그들은 삶의 모든 측면을 긍정적인 면으로 바라보려고 한다. 그리고 스스로 자기 주도성을 갖고 동기부여를 잘하며, 그 상황에 따라 높은 유연성을 가지고 있다.

이들은 또한, 하는 일에 깊이 몰입할 줄 알며, 플로우(Flow) 상태를 자주 경험한다. 그뿐만 아니라 삶의 여러 측면을 조화롭게 유지하려는 균형감각과 새로운 것을 배우고 경험하는데 끊임없이 호기심을 갖고 창의적인 해결책을 찾아감으로써 지혜로운 삶을 굳게 지키면서 살아간다.

끝으로 필자는 인간의 삶에 대한 욕구를 다음과 같이 정리해 보고자 한다.

　첫째는 건강하게 사는 것, 둘째는 지위가 높은 명함으로 더욱 많은 유무형의 자산을 소유하는 것, 셋째는 재능의 열망을 따라 즐김 속에서 행복을 찾고 따라서 더 나은 자신만의 독특한 삶의 사회를 열어가려는 것이라고 말하고 싶다.

미쳐야 웃는다

초판 1쇄 인쇄 2024년 11월 25일
초판 1쇄 발행 2024년 11월 25일

지은이 野村 이 청 원
펴낸이 임 윤 철

책임편집 정 원 연   **디자인** 지 효 정

펴낸곳 기술과가치 **출판등록** 2013년 3월 11일 제2013-000049호
주　소 서울특별시 강남구 영동대로 602, 6층 지82호
이메일 cwlee0750@naver.com

ISBN 979-11-952893-7-0

• 책 값은 뒤표지에 있습니다.
• 파본은 구입하신 서점에서 교환해 드립니다.
• 이 책은 저작권법에 의하여 보호받는 저작물이므로 무단전제와 복제를 금합니다.
• 이 도서의 국립중앙도서관 출판도서목록(CIP)은 서지정보유통지원시스템 홈페이지
 (https://www.nl.go.kr/seoji)와 국가자료공동목록시스템(https://www.nl.go.kr/kolisnet)
 에서 이용하실 수 있습니다.